U0144095

期權
賺$很大

陳霖 著

Futures & Options

目錄

本書參考資料 台灣期貨交易所網站

統一期貨網站

康和期貨網站

兆豐金控網站

蔡序

陳霖老師一直是鑫報很受歡迎的分析師，每次演講、教學都是很叫座都有很好的口碑。這次拜讀這三本書：《10倍數操盤法》、《股市三寶》、《期權賺很大》。我以教育、教學的觀點來看這三本書，深深佩服。一般而言，懂股票的人不見得懂表達教學，但陳霖老師把股票＋教學發展得很好。

一、他把股票期貨教學「口訣化」，例三大原則、六大口訣、九大重點，把內容用口訣來重點化，讓大家易記易操作。

二、他的文筆流暢，文字簡潔有力，書看起來非常順暢，初學者一下子可以抓到重點。

三、他非常懂教育心理學，他知道大家需要的是什麼，而且圖文並茂，許多繁雜的道理他表達起來變得簡單易懂。

這又印證世上幾種專長加起來常可發展出燦爛的東西，股市期貨＋文學表達＋教育心理＝成功。至於期貨，我懂得不多無法評語，只知道拿來避險是好事，拿來發財要慎重。至於股票，最後贏家常常是一年中波段作1~2次的人，但如果以波段操股，再加上陳霖老師這些技術的短線部份買賣，應可創造至高的績效。

祝大家股市期貨雙雙大利

鑫報董事長　蔡坤龍

黃序

1997年是香港重要的一年，而我進入金融期貨界，一路走來，最令我困惑的事，不是客戶的開發及維持，也不是公司的市佔的要求，而是對盤面的理解。看了上百本的技術分析，依舊渾渾噩噩，依舊似懂非懂，依舊賺少賠多…，直到看到陳霖的書。

有個分析師說過，每天的盤勢都在寫歷史，沒有一天的盤是重覆的，是有點道理，但真的是這樣想，就很難賺到錢，直到看到陳老的「股市三寶」，讓我重新認識了K線、45度線、均線，利用這三寶來理解盤勢，很快地就掌握了一天的行情趨勢，於是…我開始轉虧為盈。

後來趕快再補拜讀「10倍數操盤法」，裡面的第八章<投資心法與看盤技巧經驗談>值得大大的推薦，散文式的寫法，讓讀者輕輕鬆鬆地吸收實戰經驗，不知不覺增加了操盤的功力，陳老真是股期市的活菩薩。

2010是重要的一年，台灣決定簽訂ECFA，後ECFA時代的盤勢是牛市或是熊市，實在很難斷定，適逢陳老又把他的期權壓箱寶寫成『期權賺很大』，內容主要以選擇權的多種策略來著手，深入淺出，著重實戰，跟讀者一起掌握股市的上衝下洗的快感，快感並不是最重要，重要的是要能…賺很大。

陳老常告訴我，嘆氣不如爭氣，爭氣才能神氣，是該看陳霖的時候了，讓你爭一口氣，賺一世錢。

凱基期貨高雄分公司經理人　黃耀坤

蔡序

在所有金融交易裡，期貨交易策略有千百種，從業期貨界12年以來，我看過很多初入期貨市場的交易人，期貨新手學了一種又換過一種，今天學K棒理論，明天學看MACD、KD、RSI，學了無數的技術分析，卻還是無法賺錢，原因是期貨交易人沒有建立一套成功且固定的交易模式。

就從現在開始「建立簡單的交易模式」吧！

在一個偶然的機會裡，認識了「陳霖」老師，閱讀了「股市三寶」跟「10倍數操盤法」之後，上過陳霖老師期貨看盤班的學員都知道，只要把握住期指實戰看盤的幾個重點（三原則、六口訣、九重點），就能把原本看似雜亂無章的盤面，整理出一個頭緒，面對每天起伏不定、詭譎多變的行情，陳霖老師的一口、二頸、三趨勢、四量、五型、六指標，是我觀盤的重點，一直沿用至今。

「按表操課」，刻意練習成功的交易模式，讓你無往不利！

每個市場都有它的律動，要對於市場有相當的了解，不是偶而涉足其中的?與者觀察的出來的。每天簡單的事情重複練習做，才能領會市場脈動，你將會發現每天盤面的形態，幾乎不斷的重複上演。把交易模式重複練習做，熟練到不加思索就能做出正確的判斷與動作，讓交易成為

你的一部份，變成你的直覺（盤感），只要簡單的按表操課，每天重複的專心做一件事，卻可以每天數不一樣的錢。

「交易無捷徑」

從交易紀錄中尋找自已，交易紀錄（樣本）－為何買？為何賣？交易者心態（母體）－培養良好的交易習慣，嚴格執行停損點，善設停利點，就能克服人性的恐懼與貪婪。交易紀錄－是交易者的資產，每一筆交易都是自已用金錢與時間換來的。成功的交易者會檢視自已的交易紀錄，並找出錯誤的原因，然後進化到盤中檢討。

「原來我們只是草」

在「艋舺」的電影中，導演（紐承澤）飾演外省掛老大一角，裡面有句台詞說：「風往哪裡吹，草就往哪裡倒，曾經以為自已是風，遍體麟傷之後，才知道原來我們只是草」。

這句話讓我聯想到，在交易的當時，是否也曾經以為自已是風，市場會因此而改變方向，等到遍體麟傷之後，才知道原來我們只能是隨風倒的草。大盤漲我就多，大盤跌我就空，只有你跟著大盤走，大盤不會跟著你走。

電視上的分析師、專家都在預測明日盤勢，但明日大盤就真的會照著劇本走嗎？不要刻意預測明天的盤勢，在

研究圖表型態或技術分析的同時，要時時刻刻保持中立的態度解讀所有資料，臨上戰場時才不會迷失方向。

信心就像是一把無形的寶劍（獲勝率）

你要在意的是如何不斷精進自已的交易技巧，提高交易的獲勝能力，不要在意獲利的點數，要在意獲利的次數。

「趨動的數字」，沒有多空方向，只有賺錢的方向！

每天看看自已的淨值是不是持續增加，至於明日市場是漲、是跌、是多、是空，就交由市場去決定吧！

「期權賺很大」，幫助你賺粉大！

這本「期權賺很大」是「陳霖」老師以他多年觀察台股的經驗，研究後的心得加上市場驗證的心血結晶，相信是一本可以成為投資人，進入期權市場不可獲缺的工具書。

康和期貨台南分公司

經理　蔡易庭

吳序

　　衍生性商品中「期貨選擇權」是最具專業及挑戰性的交易標的之一。市場參與者必須不斷學習與充實，才能因應陸續推出的新商品及日新月異的交易方式。

　　行情變化千變萬化、掌握不易，期權操作在於投資人做對了方向，也不等於領到一張獲利的保證書；就算投資人做錯方向，也不等於一定出現虧損，這也就是期權吸引人之處。

　　「期貨市場每天都是挑戰，但每天也都有賺錢的機會，這是它最迷人的地方。」不過也有人這麼說：「期貨及選擇權的確是致富的捷徑，就看自己有沒有這個能耐了。」

　　以陳霖老師之豐富閱歷，將其心路歷程所著之《股市三寶》與《10倍數操盤法》對所謂「技術分析」，可云詳實盡美，在投資的道路上，讓人受益良多，而新書《期權賺很大》中對於期權深入探討，讀者若能熟讀深思，將有助您在期權市場中，雖不能言一本萬利，然卻能「出進有序」、「穩操勝利」之概率增加，在未來期權戰役中，必能如虎添"億"。

　　有句話是這麼說的，成功就是「對的事情，重複做，直到成為習慣。」希望每位朋友都朝您的成功之道邁進。

圓鑫投資顧問股份有限公司
副總經理　吳俊毅

蔡序

余自入股市已近三十春秋，沉浮不定，亦曾虧的將一無所有，終而停止入市約十載。自2008年5月20日，道聽塗說，以為一切大環境即將大好，再次入市，再次受傷。

約兩年前承蒙陳霖老師贈予其大作《股市三寶》、《10倍數操盤法》兩本書，精讀後並得其機緣受老師啟蒙，看診餘暇又得其老師講解每日價量關係，預判隔日行情走勢。對股市多空掌握，漲跌幅度豁然而開、了然於胸。終悟其玩股如用兵，其戰貴勝，久則鈍兵挫銳，當深溝高壘，或緩或急、或衝或突，莫不有律法以節制其中。然居於法則死，失其律則兇，而律法皆在價量之中。並以老師的價乖離和RSI、KD有效開口數據為依據，在股票、在期指中百發百中，都必見當日反轉。凡見於此必大軍直入攻城掠地，從未有不勝者，真是妙乎法而神乎律矣。

愚查遍坊間百本書籍著作，尋找如此雷同之有效數據，迄今未曾所獲。此可謂老師獨家心得讓我自520以來所虧損之財，已得彌補 並有盈餘。

老師為人保守，不花言巧語，不吹嘘誇大。在其著作或其教學上，皆以簡單易學的技術面為根本，以有效數據為依據，並不以複雜難懂的指標來判讀。今聞老師又提筆，實是我芸芸股民之福，股友們若不淹沒於股海之中。老師之著作，當精心反覆研讀，並對照股市走勢，必得其精隨。

現任中醫師公會 常務理事
蔡醫師 2010 05 22

陳序

投資是一門學問，而且是專業學問。除了基本知識外還包括實務操作及心理層面的控制。所有投資項目就以股票市場最迷人，可長可短，可多可空，有錢沒錢均可參與。選擇權與期貨則是更高難度的挑戰。就是因為股票市場變幻莫測，所以有人說股票市場是個人自我實現的地方。意思是說你的人格特質其重大特徵將會以你個人的習慣來放大顯示。怎麼說呢？比如你是一個憂鬱傾向的人，習慣於後悔，則你可能在市場常常做出使自己後悔的事情將自己打敗。又假如你是一個遇到挫折會以否認機轉認定挫折的人，則遇到套牢的時候會否認套牢，且自圓其說這是回檔。如果你是一個人云亦云、心無定見的人，則你可能會參加會員照著操作，沒有自己的看法。如果你是一個客觀的人，武斷的人，那麼你可以做短線來滿足你的快刀斬亂麻也可以做選擇權及期貨。

所有投資首先均需考慮風險及報酬率。比如說你投資一支股票下跌空間1元，上漲空間10元則你的期望值10元×1/2 − 1元×1/2＝4.5元。如果這支股票股價是10元，則你的預測報酬率為4.5/10＝45％。當然這些都是假設了許多情況的結果。10元漲到20元也需要一段時間，你可能中途被洗掉則不能達成目標價。

　　期貨是多空兩方風險相等。選擇權則是買方（不管買進call或put）風險有限。賣方（不管賣出call或put）風險無限。所以選擇權在沒有把握的時候永遠站在買方。買方有權力不執行履約，就界定了風險。

　　陳霖的這本書便是在教導我們如何用選擇權與期貨來協助我們控制風險增加獲利。希望讀者能夠從中學習，且在股、期、權市場大有斬獲。

專業投資心理專家

精神專科醫師　陳冠良

作者序

　　於1998年（民國87年）出版第一本書《10倍數操盤法》獲得讀者熱烈迴響，佳評如潮。從此與「股票教學」結下不解之緣。很多上課的學員功力大增進步神速。在投資人的鼓勵支持下2006年（民國95年）再出版第二本股市用書「股市三寶」再次掀起投資人搶購熱潮。記得新書發表會當天所舉辦的免費課程台北場就售出300本以上，在此不得不向親愛的投資人表示謝意。

　　由於筆者出書嚴謹且都是實戰的經驗分享不高談闊論，因此廣為投資人青睞，紛紛介紹親友購買。有位陳先生買了30多本分送給親友。清大教授也買了10多本送給已畢業的學生。國票證券的林經理也買了100本以上作為訓練教材。學校證券研習社團也購書當作社員的理財用書。父母買書贈給子女，子女買書贈給父母…等太多感人的故事不勝枚舉。在此也以感恩的心一併謝謝購書的朋友。

　　1998年7月21日台灣期貨公司正式開業不少投資人投入期貨市場可惜多半鎩羽而歸。因為用操作股票的方法操作期貨註定要失敗。因為股票投資投機兩相宜，而期貨與選擇權是法人用來避險的工具，不但無投資價值且十足投機味。因此不宜以操作股票的方法應對。

　　筆者剛開始也犯了同樣的錯誤，為何操作期指成功率只有5~6成？後來才發現到操作期貨的秘訣，原來要用如來佛制伏孫悟空的方法才能提高勝率達8成以上。因此我

們設計了三原則、六口訣、九重點的口訣。只要您將此三、六、九口訣謹記在心，最後以九重點（九個重要的買賣點）切入，成功率自然可以大幅提高。

　　孫悟空具有通天的本領「72變」，可惜72變已被如來佛看穿，再怎麼變也逃不過如來佛的手掌心。而期貨走勢歸納起來也只有9種變化，如本書所說的九個買賣點。如何能在這9個變化中找到最佳的買點與空點是期貨篇探討的重點。

　　本書已將研究的精髓再加上實際操作的心得以淺而易懂的文字表達出來。由於個人才疏學淺如有表達不周或詞不達意的地方亦請各界不吝指教。並祝各位讀者能在期貨與選擇權市場中逆轉勝。

　　最後，我要真誠感謝參與本書著作的各位好友與撰寫心得分享的學員以及受邀寫序的先進們。再一次謝謝你們。

 筆於台南

期貨篇
操作秘笈

筆者經過長期觀察期貨的走勢圖與實際操作的心得發現只要能掌握三原則、六口訣、九重點就可大大的提高勝率。這是非常寶貴的經驗因此才著書分享。

或許有些朋友不禁要問：「既然那麼好，就留下自己用。為何還要寫書公諸於世？」因為週遭的朋友太多人因操作期貨傾家蕩產，因此才興起寫書的念頭。或許可讓一些失敗的朋友有機會反敗為勝，果真如此本人也與有榮焉。

何況人各有志，每一位操作期權或股票的朋友都有一套成功的方法不一定會認同筆者的看法。縱使看了本書以後也不一定照著做。就像先前筆者所著股票用書《10倍數操盤法》與《股市三寶》，剛開始很多朋友亦質疑有用嗎？後來廣被認同銷售量直線上升。

尤其是「股市三寶」中提到判斷漲、跌、盤的三寶：K棒、均線、45度線，應用在選擇權十拿九穩。在每一波的轉折中皆可用股市三寶判斷出來。讓漲、跌、盤的轉折點無所遁形。股市的轉折就像騎車或開車的轉彎，在轉折點操作選擇權的賣方成功率最高，當然也可操作買方。如何操作？我們在選擇權篇再詳細討論。

期貨篇內容著重於實戰經驗的分享，因此列舉很多K線圖，尤其是1分鐘、5分鐘的K線圖。它是操作期貨指數在盤中必看的技術線型圖。我們把它歸納了九個重點，也

是短線與當沖的切入點。而在日線圖我們提出四個領先指標。若以法律的術語而言，日線是母法，分線是子法，兩者相互牴觸應以母法為準。若日線與分線同時出現買點或賣點，此時出手成功率最高。

單就分線而言9個重點在同一時間或短時間內出現3~5個買賣點，即時出手，對當日而言成功率可達8成以上。操作期指的朋友通常都是短線操作且不太敢留倉，因為隔天的變數太多。因此當日的看盤就非常重要，不管盤勢如何變化，都不會超過這9個重點變化。建議讀者務必詳細看K線圖中所標示的重點。看多、多看、自然可累積看盤技巧，同時也可輕易的找到買賣點。

本書內容有些詞句重複出現，主因是筆者希望閱讀本書的朋友能加深印象，輸入潛能進而養成自然反應的好習慣。有了操作的好習慣自然就會減少失誤率，提高成功率。只要成功率不斷的提升自然可累積財富。

人性的弱點貪婪與恐懼在金融市場表露無遺。對短線或當沖的朋友我們是建議「有賺，記得跑不貪多。有賠，也要跑不貪拖。」閱讀本書可先查看目錄針對自己所要求的章節先睹為快。再全部瀏覽一番。反覆多看幾次細嚼慢嚥，別有一番風味。最後，筆者以這句話與讀者共勉：「要注意成功的次數，不要在意獲利的點數。」並祝各位投資朋友賺大錢、大賺錢、錢大賺。

第一章
期貨市場

重點提示 ─────

◆ 國際期貨的發明

◆ 我國期貨的展望

◆ 期交所的商品種類

◆ 期貨的基本概念

◆ 台指期貨的交易策略

1-1 期貨沿革

期貨市場的演進／

西元1571年　歐洲成立皇家交易所

西元1780年　英國利物浦之棉花交易

西元1848年　美國芝加哥期貨交易所CBOT

它是第一個交易制度的期交所

交易商品：農產品期貨

金屬期貨

能源期貨

西元1972年　外匯期貨 – CME之IMM

西元1975年　利率期貨 – CME

國際股價指數期貨之發展／

西元1981年　美國SEC與CFTC達成協議，由CFTC監管與

證券有關之期貨合約

西元1982年　2/24 Value Line Composite Index於Kansas

City Board of Trade 上市交易

4/21 S&P500 於 CME 上市交易

5/6 NYSE Composite Index 於 NYFE 上市交易

西元1984年　5/3 FT-SE100 於 LIFFE 上市交易

7/23 MMI 於 CBOT 上市交易

西元1986年　9/3 NiKKei 225 於 SIMEX 上市交易

⊙ 我國期貨展望

　　台灣期貨交易所未設立之前地下期貨已悄悄上路大約在民國81年之前。不少投資人因操作地下期貨而傾家蕩產。當時地下期貨皆以國外的指數或商品為交易對象。在資訊不明的情況下，投資人是受害的一群。政府當局亦曾經雷厲風行的掃蕩地下期貨，但效果不彰，因為人性好賭，縱然消聲匿跡一段時間，等風頭過仍就死灰復燃。如今期貨市場已開放了10多年，仍然不少地下期貨公司在空中交易。

　　台灣期貨交易所於1996年12月成立。1998年7月21日正式開業。在期交所網站簡介中可看出期交所把每五年視為一個段落：

　　一、第一個五年是「開創與學習」

　　二、第二個五年是「成長與突破」

　　三、第三個五年是「制度改革和發揮期貨市場避險功能」

　　讀者可參閱期交所網站，了解我國期貨未來的發展趨勢。

目前期交所開的期貨種類分成：

　　一、指數期貨

　　二、商品期貨

　　三、利率期貨

　　四、個股期貨（股票期貨）

⊙ 台灣期貨交易所的商品類別

商品類別	商品項	序號	上市日期	商品名稱
期貨類	指數期貨	1	1998.07.21	臺股期貨
		2	2001.04.09	小型臺指期貨
		3	1999.07.21	電子期貨
		4	1999.07.21	金融期貨
		5	2003.06.30	臺灣50期貨
		6	2006.03.27	MSCI臺指期貨USD
		7	2007.10.08	非金電期貨
		8	2007.10.08	櫃買期貨
	商品期貨	9	2006.03.27	黃金期貨USD
		10	2008.01.28	台幣黃金期貨
	利率期貨	11	2004.01.02	公債期貨
		12	2004.05.31	三十天期利率期貨
	個股	13	2010.1.25	個股期貨
選擇權類	指數選擇權	1	2001.12.24	臺指選擇權
		2	2005.03.28	電子選擇權
		3	2005.03.28	金融選擇權
	指數選擇權	4	2006.03.27	MSCI臺指選擇權USD
		5	2007.10.08	非金電選擇權
		6	2007.10.08	櫃買選擇權
	商品	7	2009.01.19	黃金選擇權
	個股	8	2003.01.20	股票選擇權

1-2 期貨的基本概念

　　台灣期貨交易所於民國87年7月21日開放加權期指、電子期指、金融期指，於民國90年4月9日再開放小型台指。由於期指的開放在一般投資人、法人的共襄盛舉之下，交易量逐年增加截至筆者著作本書為止，每日的成交口數已達15萬口之多。

期貨的定義／

　　一種遠期合約於公開市場以競價方式交易，是對未來某一時點現貨價格的預期。

期貨的功能與特性／

一、以小搏大：保證金交易制度
二、存續時間：有期限月份選擇
三、交割方式：實務或現金交割
四、結算方式：每日或盤中結算

期貨的優點／

一、高財務槓桿，資金靈活調度運用。

二、多空短線當沖，自由不受限制。

三、彈性交易策略，可規避現貨風險。

四、策略運用可創造套利空間。

指數期貨交易人型態／

一、避險者：通常持有現貨股票做期貨的賣方以避險為
　　主。

二、投資者：通常是期貨的多方

三、投機者：通常多空都有，以獲取價差為主要目的。

四、套利者：通常是期貨的空方以法人為主。

期貨避險的種類／

一、多頭避險：實務需求者或擔心未來價格上揚者。買進
　　期貨以增加市場上升的比重。

二、空頭避險：實務擁有者或擔心未來價格下跌者。賣出
　　期貨以避開市場下跌的風險。

股票市場的風險有：一、系統風險

　　　　　　　　　　二、非系統風險

期指只能規避系統性風險。

1-3 台指期貨的交易策略

一、投資投機：

　　1.預期指數會漲 → 先買後賣

　　2.預期指數會跌 → 先賣後買

二、避險策略：

　　1.多頭避險：未持有股票者擔心指數上漲 → 先買期貨

　　2.空頭避險：已持有股票者擔心指數下跌 → 先賣期貨

三、套利策略：

　　1.多頭套利：現貨指數低於期貨指數 → 買現貨賣期貨

　　2.空頭套利：現貨指數高於期貨指數 → 賣現貨買期貨

四、價差策略：

　　1.跨月：現月台指VS近月台指

　　2.跨市：加權台指VS摩根台指

台指期貨與現貨（加權指數）的基差（持有成本）

1.正向市場（正價差）：期貨指數大於現貨（加權指數）

2.逆向市場（逆價差）：期貨指數小於現貨（加權指數）

●以上我們所談的大都是學理上的名稱與策略，而本書所注重的是實務上的實戰心得分享。操作目的在於獲取期指漲跌的利潤，因此比較重視看盤的技巧與買賣點的設定。

●下一個章節即將進入本書的重點。期望能讓讀者功力大增"期"開得勝

第二章
操作期貨的三大原則

重點提示

◆ 第一原則：先預測明日期指的支撐區與壓力區

◆ 第二原則：從開盤判定指數先往支撐區或壓力區

◆ 第三原則：從六口訣、九重點找買點與賣點

◆ 有備無患機會是留給準備好的人

◆ 事前準備優於事後後悔

2-1 第一原則：先預測明日期指的支撐區與壓力區

　　預測期指的支撐區與壓力區對新學員或新進入期貨市場的朋友是最困難的。也是因為最困難相對也是最重要的。如何預測到誤差值控制在20點~30點之內，換言之當日的期指最低點與最高點與您所預測的點數控制在30點之內。

　　坊間的電腦軟體皆有CDP這項指標。其中支撐區設兩個，壓力區也設定兩個。初學者可參考，因為其精準度不夠高，因此筆者皆採取自己的方法預測。

我們所採取的方法有三種，且以日線為預測標準／

第一種：是用看的。所謂用看的就是看移動平均線。如：
　　　　5日、10日或20日線的支撐與壓力。必要時也可
　　　　參考周線與月線。也可看型態預測。

第二種：是用算的。所謂用算的是算其黃金切割率，而黃
　　　　金切割率以0.382、0.5、0.618最常用到。其中0.5
　　　　準確性最高。

第三種：是用畫的。也是最困難必須要學會畫線的技巧如
　　　　畫頸線、趨勢線、45度線或軌道線…等。畫線的
　　　　準確度最高。

　　支撐區與壓力區要預測得準必須綜合以上三種技巧尋找出明日最有可能的支撐區與壓力區。可參閱《10倍數操盤法》和《股市三寶》這兩本書的內容。

　　剛才提到預測支撐區與壓力區的三種方法只要多練習自然能體會預測的精髓。我們在期貨技術班或股票技術班也會分享預測的要領。練習久了預測的精準度就會越高如人飲水冷暖自知。

　　高雄有位黃小姐已到了70歲以上的高齡，仍然每天預測，精準度非常高。其預測能力不亞於筆者。我為了証實她的功力，在每天開盤前就請黃小姐把預測的支撐區與壓力區告訴筆者。結果發現竟然一個月20個交易日有8~10天的精準度控制在10點之內，讓我嘆為觀止。其他沒有在10點之內的也會控制在30點之內，真是不簡單。

　　康和期貨公司的蔡經理也是預測的高手目前其操作期貨指數的成功率已達8~9成以上。

　　我們預測支撐區與壓力區也是以兩個指數為準。支撐區預測兩個指數，壓力區也預測兩個指數，而這兩個指數的差盡量控制在30點之內不宜超過50點。當日預測的最高點與最低點也不宜超過200點。因為台股期貨指數的震幅度大約在100點 ±50點之內。當然也有例外，如出現大利多或大利空或消息面的影響震盪幅度較大。

　　我們提供三個月的預測資料給讀者參考。將來讀者若有緣參加我們的訓練課程再詳細討論相互切磋以提高預測能力。

期貨指數預測表

99年元月　預測明日期貨指數的壓力區與支撐區（可用看算畫）

日期	預測明日支撐區	日期	當日低點	誤差	預測明日壓力區	日期	當日高點	誤差	震盪幅度	備註
1/4	1 8157 2 8126	1/5	8125	-1	1 8278 2 8206	1/5	8260	+18	135	
1/5	1 8148 2 8174	1/6	8179	+5	1 8263 2 8205	1/6	8336	+73	157	
1/6	1 8260 2 8219	1/7	8230	+11	1 8427 2 8400	1/7	8355	+45	125	
1/7	1 8230 2 8181	1/8	8183	+2	1 8370 2 8295	1/8	8277	-18	94	
1/8	1 8250 2 8233	1/11	8251	+1	1 8355 2 8338	1/11	8353	+2	102	
1/11	1 8274 2 8265	1/12	8246	-19	1 8355 2 8331	1/12	8337	+6	91	
1/12	1 8278 2 8208	1/13	8191	-17	1 8317 2 8278	1/13	8275	+3	84	
1/13	1 8278 2 8230	1/14	8236	+6	1 8303 2 8278	1/14	8328	+25	9	
1/14	1 8300 2 8284	1/15	8307	+7	1 8400 2 8386	1/15	8385	-1	78	
1/15	1 8310 2 8270	1/18	8286	+16	1 8400 2 8427	1/18	8383	-17	97	
1/18	1 8301 2 8277	1/19	8230	-47	1 8427 2 8385	1/19	8382	-3	152	
1/19	1 8223 2 8206	1/20	8198	-8	1 8360	1/20	8312	+2	114	
1/20	1 8130 2 8101	1/21	8112	+11	1 8250	1/21	8213	-12	101	
1/21	1 8139 2 8225	1/22	7884	-121	1 8200 2 7884	1/22	8023	-116	139	美股大跌213點
1/22	1 7845 2 7800	1/25	7802	+2	1 7953 2 7884	1/25	7912	+28	110	
1/25	1 7713 2 7611	1/26	7520	-90	1 7884 2 7849	1/26	7882	+2	362	負價乖離
1/26	1 7587 2 7567	1/27	7509	+2	1 7643 2 7611	1/27	7633	-10	124	負價乖離
1/27	1 7535 2 7471	1/28	7555	+20	1 7745 2 7708	1/28	7745	0	190	
1/28	1 7482 2 7436	1/29	7442	+6	1 7681 2 7610	1/29	7633	+22	191	
1/29	1 7490 2 7442	3/1	7442	0	1 7650 2 7620	3/1	7634	+14	192	

期貨指數預測表

99年3月 預測明日期貨指數的壓力區與支撐區（可用看算畫）

日期	預測明日支撐區	日期	當日低點	誤差	預測明日壓力區	日期	當日高點	誤差	震盪幅度
2/26	1 7361 2 7231	3/1	7395	+34	1 7517 2 7435	3/1	7605	+88	210
3/1	1 7589 2 7500	3/2	7569	-20	1 7676 2 7650	3/2	7649	-1	80
3/2	1 7541 2 7500	3/3	7578	+37	1 7699 2 7650	3/3	7664	+14	86
3/3	1 7510 2 7506	3/4	7526	+16	1 7717 2 7649	3/4	7639	-10	113
3/4	1 7550 2 7512	3/5	7558	-18	1 7717 2 7650	3/5	7692	+25	134
3/5	1 7650 2 7602	3/8	7686	+36	1 7730 2 7715	3/8	7758	-15	72
3/8	1 7734 2 7703	3/9	7724	-10	1 7826 2 7806	3/9	7747	-32	50
3/9	1 7715 2 7680	3/10	7703	-12	1 7865 2 7812	3/10	7792	-20	89
3/10	1 7738 2 7710	3/11	7731	-7	1 7839 2 7808	3/11	7808	0	77
3/11	1 7720 2 7681	3/12	7711	-9	1 7826 2 7790	3/12	7788	-2	77
3/12	1 7616 2 7650	3/15	7631	+15	1 7808 2 7777	3/15	7758	-19	127
3/15	1 7609 2 7554	3/16	7642	+33	1 7728 2 7776	3/16	7707	-21	65
3/16	1 7750 2 7650	3/17	7745	+45	1 7808 2 7763	3/17	7844	+35	99
3/17	1 7808 2 7770	3/18	7818	+10	1 7910 2 7880	3/18	7922	+12	104
3/18	1 7854 2 7780	3/19	7826	-28	1 7921 2 7880	3/19	7884	+4	58
3/19	1 7808 2 7770	3/22	7745	-25	1 7880 2 7845	3/22	7840	-5	95
3/22	1 7770 2 7750	3/23	7756	-14	1 7890 2 7868	3/23	7863	-5	107
3/23	1 7808 2 7770	3/24	7804	-4	1 7896 2 7880	3/24	7876	-4	72
3/24	1 7770 2 7702	3/25	7716	-14	1 7858 2 7823	3/25	7858	0	142
3/25	1 7770 2 7702	3/26	7724	-22	1 7904 2 7852	3/26	7917	+13	193

期貨指數預測表

99年4月　預測明日期貨指數的壓力區與支撐區（可用看算畫）

日期	預測明日支撐區	日期	當日低點	誤差	預測明日壓力區	日期	當日高點	誤差	震盪幅度	備註
4/1	1 7991 2 7984	4/2	8015	+24	1 8112 2 8023	4/2	8047	+24	32	
4/2	1 8101 2 8040	4/6	8062	+22	1 8155 2 8142	4/6	8142	0	80	
4/6	1 8088 2 8053	4/7	8095	+7	1 8165 2 8142	4/7	8140	+2	45	
4/7	1 8112 2 8088	4/8	8045	-43	1 8200 2 8142	4/8	8170	+28	125	
4/8	1 8070 2 8045	4/9	8046	+1	1 8142 2 8112	4/9	8105	-7	59	
4/9	1 8100 2 8045	4/12	8086	-14	1 8200 2 8170	4/12	8168	-2	82	
4/12	1 8104 2 8046	4/13	8013	-33	1 8191 2 8155	4/13	8119	-36	106	
4/13	1 8040 2 8020	4/14	8038	-2	1 8712 2 8040	4/14	8114	+2	76	缺口壓力
4/14	1 8114 2 8088	4/15	8130	+16	1 8194 2 9170	4/15	8196	+2	66	
4/15	1 8109 2 8093	4/16	8070	-23	1 8194 2 8164	4/16	8155	-9	85	
4/16	1 8074 2 8023	4/19	7821	-202	1 8170 2 8112	4/19	8033	-79	212	美股大跌 125點
4/19	1 7800 2 7750	4/20	7825	+25	1 7965 2 7927	4/20	7911	-16	86	
4/20	1 7885 2 7856	4/21	7923	+38	1 7980 2 7950	4/21	7998	+18	75	
4/21	1 7885 2 7850	4/22	7843	-7	1 8003 2 7974	4/22	7953	-24	110	
4/22	1 7950 2 7902	4/23	7937	-13	1 8003 2 7974	4/23	7983	+9	46	
4/23	1 7990 2 7950	4/26	8070	+80	1 8070 2 8033	4/26	8162	+92	92	
4/26	1 8112 2 8070	4/27	8109	-3	1 8196 2 8168	4/27	8152	+16	43	缺口支撐
4/27	1 8070 2 8023	4/28	7920	-103	1 8168 2 8149	4/28	8059	-90	139	美股跌 213點
4/28	1 8010 2 7950	4/29	8011	+1	1 8109 2 8070	4/29	8065	-5	54	
4/29	1 8000 2 7957	4/30	7966	+9	1 8162 2 8109	4/30	8152	-10	186	

以上三頁是我們所預測的支撐區與壓力區。您會發現我們所預測的指數有時會超過30點以上，有時也控制在10點之內。這是未修改過的資料。

如果您在前一日已將指數預測完畢，若在期指開盤前出現大利多或大利空或重大消息面時可作修改。或者開盤後的15~30分鐘之內視開盤的情況作最後修改。

也有學員提問盤中是否可以隨時修改？我的回答是勉強可以。但已失去我們預測的目的。因此我們還是認為開盤後30分鐘內是最後一次的修改，如此才能測試自己預測的功力。

因為開盤後，如果直接跳空突破壓力區那麼壓力區有可能變成支撐區，那麼壓力區的指數必須修改。反之若開盤直接跳空跌破支撐區，則支撐區有可能變成壓力區，那麼支撐區的指數必須要修改。

在操作上我們希望投資朋友若要做多，盡量等指數來到支撐區再做多。若要做空，盡量等指數漲到壓力區再做空。至於何時才出手就依第二個原則與第三個原則所列出的九重點適時出手。但願每一位朋友出手皆能成功獲利，雖不能百分百，至少有8成以上的成功率，才算是期貨高手。

2-2　第二原則：從開盤判定指數先往支撐區或壓力區

　　當指數開盤後，大約在5~15分內判斷指數是先往支撐區移動，或往壓力區移動，才決定要做多或做空。

期貨指數早上開盤只有五種開盤法

範例：

```
────────── 7100
                    (壓力區)
──────  7050
        ↗
開盤
        ↘
──────  6950
                    (支撐區)
────────── 6900
```

一、開在壓力區之上：如圖開盤直接跳空站上壓力區7100之上，此時可上修壓力區的指數。

二、開在壓力區之間：
　　如圖剛好開在壓力區（7050~7100）之間，此時判斷若壓力區站不上可短空。

三、開在壓力區與支撐區之間：如上圖（6950~7050）之間，此時必須先判定指數是先往支撐區或壓力區移動，再決定做多或做空。如箭頭所指的方向。

四、開在支撐區之間：如圖（6950~6900）之間。此時，判斷支撐區不會跌破可短多。

五、開在支撐區之下：如圖開盤直接跳空跌破支撐區6900。此時，可下修改支撐區的指數。

●期貨指數每天的開盤指數不外乎這五種，我們稱它為開盤五法。其中最常看到的是第三種。如何從這五種開盤法決定我們的多空操作策略，往後就是我們所要談的重點。

2-3 第三原則：從六口訣九重點找買點或空點

　　談到六口訣真是膾炙人口。因為筆者自民國85年全省巡迴演講上課中不斷的提到六口訣的重要性。每一位投資人皆可朗朗上口，它用在選股或判定趨勢有莫大的助益。

　　六口訣：一口、二頸、三趨勢、四量、五形、六指標。

這六項口訣可演化成九個重點，如果您熟讀本書後，您會發現台股期貨指數每天所上演的劇情皆不會超出這九個重點。其實股票也是如此，不過這是在1分或5分線才會一天內讓您看到九個重點。因為極短線的線型比較容易在一天內出現九個。30分線以上則是出現的時間就會延遲，不會在當日出現九個。

　　當然分線也不一定九個重點在一天內全部出現，但至少出現3~5個以上。操作期貨指數的朋友就可利用它出現時出手操作，成功率極高。

　　這九個重點其中有3~5個特別重要。所謂特別重要就是當它出現時，伺機出手成功率最高。至於六項口訣筆者在《股市三寶》一書中有詳細的說明。給您一個良心的建議若沒有此書的朋友最好買一本來看，投資自己的腦袋是世界上投資報酬率最高的。

　　在《期權賺很大》這本書中我也會把六口訣的精華寫出來，可注意往後幾頁的重點說明。

第三章

六口訣：一口、二頭、三趨勢、四量、五形、六指標

重點提示

◆ 一口：缺口如何判定強弱與買賣點

◆ 二頸：頸線如何看突破、跌破或騙線

◆ 三趨勢：趨勢線如何從趨勢線找買賣點

◆ 量：成交量、注意大量的位置與量價關係

◆ 型：注意型態完成後的買賣點

◆ 指標：如何看技術指標的交叉、乖離與背離

◆ 技術指標：看456做123

3-1 一口 --- 缺口

六口訣：一口、二頸、三趨勢、四量、五形、六指標

一口（缺口）：缺口代表強烈的轉折信號可信度很高。

● 上漲缺口若未向下填補則代表後勢續強是買點。反之，
　若向下填補則代表轉弱是賣點。

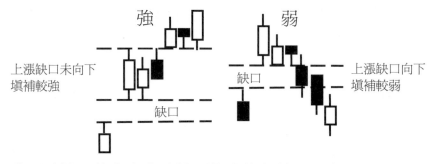

● 下跌缺口若未向上填補則代表後勢續弱是賣點。反之，
　若向上填補則代表轉強是買點。

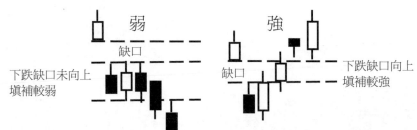

缺口：有時也會騙線。在九個重點裡其中有一項是騙線。
　　　除了缺口之外，頸線、趨勢線或三線合一偶而也會
　　　出現騙線。如何看出騙線可注意我們在書中第四章
　　　的說明。

3-2 二頸 --- 頸線

二頸（頸線）：畫頸線的要領就是前一波的低點或前一波的高點。前一波低點所畫出來的頸線稱作支撐頸線。前一波的高點畫出來的頸線稱作壓力頸線。頸線常有騙線的時候，可注意後面我們列舉的範例K線圖就可清楚的看出騙線。騙線與成交量有密切的關係。所謂量價的四種關係必須學會，可參閱《股市三寶》一書中的內容。

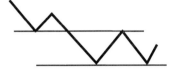

壓力頸線：反彈不過壓力頸線是賣點

支撐頸線：拉回不破支撐頸線是買點

壓力頸線：突破壓力頸線
　　　　　壓回不破壓力頸線是買點

支撐頸線：跌破支撐頸線
　　　　　反彈不過支撐頸線是空點

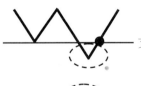

支撐頸線：1.跌破頸線後，3~5盤之內馬上又
　　　　　　站上支撐頸線稱之騙線也稱作
　　　　　　假跌破，真上漲。
　　　　　2.重新站上支撐頸線是買點。

壓力頸線：1.突破頸線後，3~5盤之內馬上又
　　　　　　跌回壓力頸線之下稱之騙線也
　　　　　　稱作假突破，真下跌。
　　　　　2.重新跌破壓力頸線是賣點。

3-3 三趨勢 --- 趨勢線

三趨勢（趨勢線）：趨勢線包括上升趨勢線與下降趨勢
線。

上升趨勢線跌破後有四種走勢：1.一路跌2.橫盤3.反彈到趨勢線再跌4.反彈突破趨勢線（最強的走勢）。

上升趨勢線

1.跌破上升趨勢線一路跌

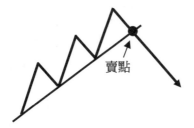

2.跌破上升趨勢線橫盤

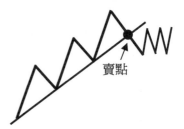

3.反彈到趨勢線再跌

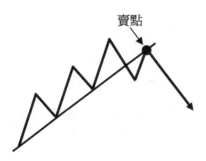

4.反彈突破趨勢線
（也可視為騙線）

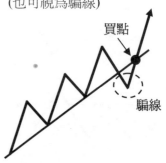

下降趨勢線突破後有四種走勢：1.一路漲2.橫盤3.拉回到趨勢線再漲4.拉回跌破趨勢線（最弱走勢）。

下降趨勢線

1.突破下降趨勢線一路漲

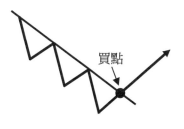

2.突破下降趨勢線橫盤

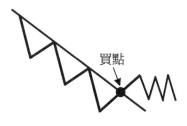

3.拉回到趨勢線再漲

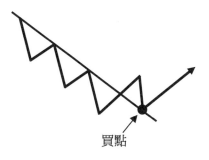

4.反彈跌破趨勢線
（也可視為騙線）

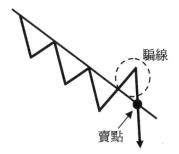

3-4 四量 --- 成交量

四量（成交量）：在期貨操盤中成交量是非常重要的。它是在九重點中排名第二順位的買賣點。我們可注意盤中出現大量時伺機出手。

大量的定義：

1分鐘線出現1500口以上稱之大量，3000口以上是超級大量。

5分鐘線出現5000口以上稱之大量，8000口以上是超級大量。

10分鐘線出現8000口以上稱之大量，12000口以上是超級大量。

在下跌趨勢中，如何操作？

試買點：

●在下跌趨勢中若出現大量而此大量K棒最低點維持3~5盤或8盤不破可視為正在低檔換手中，此時只能試買。若不幸跌破大量K棒的最低點宜設停損。那就要等第二次出現大量或第三次出現大量再出手。通常在一天的交易中若出現三次大量以上就有可能是當日的低點。若出現超級大量則可能在第一次就有止跌機會，可視為試買點。

真正的買點（加碼點）：

●所謂換手量必須換手成功才是真正的買點。何謂換手成功？即是指數必須站上此大量K棒的最高點。可參閱《K線實戰秘笈》第八章的說明。初學者若看盤功力不深，最好等大量換手成功在出手做多，比較安全。

在上漲趨勢中，如何操作？

試空點：

●在上漲趨勢中若出現大量而此大量K棒最高點維持3~5
盤或8盤尚未突破可視為正在高檔換手中，此時只能試
空。若不幸突破大量K棒的最高點宜設停損。那就要等
第二次出現大量或第三次出現大量再出手。通常在一天
的交易中若出現三次大量以上就有可能是當日的高點。
若出現超級大量則可能在第一次就有止漲機會，可視為
試空點。

真正的空點（加空點）：

●所謂換手量必須換手失敗才是真正的空點。何謂換手失
敗？即是指數必須跌破此大量K棒的最低點。可參閱
《K線實戰秘笈》第八章的說明。初學者若看盤功力不
深，最好等大量換手失敗在出手做空，比較安全。

三種分線同時出現大量成功率最高

一、尤其是在急漲或急跌時，若成交量出現三次大量以
　　上，且剛好是我們預測的壓力區或支撐區，此時出手
　　操作成功率可達8~9成。

二、若在下跌趨勢中1分線出現超級大量、5分線也同時出
　　現超級大量且換手成功則出手做多成功率可達8成以
　　上。

三、若在上漲趨勢中1分線出現超級大量，5分線也同時出
　　現超級大量且換手失敗則出手做空成功率可達8成以
　　上。

3-5 五型 --- 型態

五型（型態）：型態在期貨的操作裡是落後指標。雖然是落後指標，但當一個型態完成時，除了可以設定買點或賣點之外，也可預測指數的滿足點。我們要觀察盤中的型態最好能把日期延至3~5天一起觀察。因為1分線1天只有300根的K棒，而5分線只有60根K棒、10分線也只有30根K棒。因此很難看出型態，因此必須把時間拉長來看，才有可能看出型態。

型態必須搭配成交量兩者一起看，成功率較高。在期貨的整理型態中，W底M頭最常見，其次如箱形、三角形、頭肩形也會出現。

成交量如何與型態搭配呢？例如W底右邊的底部成交量必須大於左邊。M頭則相反右邊的成交量低於左邊。如此型態完成後其漲幅或跌幅才有機會到達預期的目標區。而頭肩底則右肩的成交量大於底部的成交量，底部的成交量大於左肩的成交量。如此型態完成後，指數的漲幅較容易達到目標區。頭肩頂則相反，左肩的成交量大於頭部的成交量。頭部的成交量大於右肩的成交量，如此型態完成後指數的跌幅較容易達到目標區。

筆者所著的《10倍數操盤法》與《股市三寶》這兩本書都有把股市常見的型態列舉出來值得投資朋友參考。

3-6 六指標 --- 技術指標

六指標（技術指標）：技術標是指RSI、KD、MACD…
等。目前技術指標林林總總非常多
只要上網就可查到它的計算公式。
至於哪一項技術指標較準因人而
異。只要您看習慣且看得精準皆可
找到好的買點與賣點。

加權RSI（強弱指標）其買賣點有三：

一、交叉：3日RSI與6日RSI在低檔區交叉向上可短多。反
之，在高檔區交叉向下可短空。所謂低檔區就
是在超賣區20以下。高檔區就是在超買區80以
上。

二、乖離：若3日RSI大於6日RSI超過正16~18以上且在高
檔區則正乖離過大指數易壓回可短空。反之，
在低檔區若3日RSI小於6日RSI超過負16~18以
上則負乖離過大指數易反彈可短多。

●無論正乖離與負乖離若達到22~25可視為臨
界值若此時出手操作成功率可達8~9成。

三、背離：以3日RSI做比較即可。當指數創新低，但RSI
未創新低則出現第一次低檔背離。指數小反彈
後，再創新低而RSI又未創新低，則是第二次
背離。RSI可能出現三次或四次很少超過五次
背離，因此當RSI出現第二次或第三次低檔區
背離是買點。反之出現高檔區第二次或第三次
背離是賣點。所謂高檔區背離是指數創新高而
RSI未創新高。

現在筆者用簡圖畫出RSI的背離狀態，可加深讀者的
印象。在往後的實戰範例中，讀者可詳細查看本書所列舉
的K線圖表。

RSI的高檔背離可短空

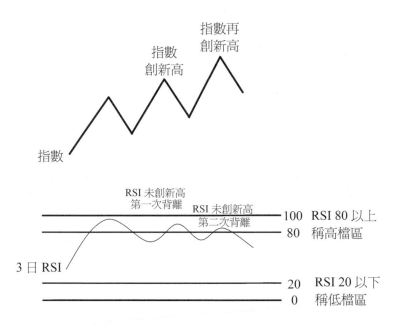

●就RSI操作的成功率來看，背離的成功率最高可達8成。
因此我們把它稱為領先指標。若以分線來看越多次背離
再出手成功率較高。

RSI的低檔背離可短多

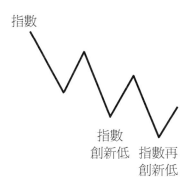

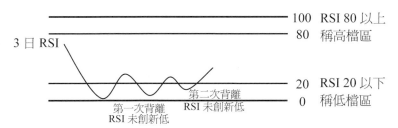

●就RSI操作的成功率來看，背離的成功率最高可達8成。
　因此我們把它稱為領先指標。若以分線來看越多次背離
　再出手成功率較高。

KD（隨機指標）的買賣點與RSI雷同有三：

一、交叉：RSI若參數設定3日與6日，那麼KD就用5日。當K值在低檔區突破D值是買點。反之，在高檔區跌破D值是賣點。所謂低檔區就是K值在20以下，高檔區K值在80以上。

二、乖離：因為KD指標的曲線較平滑因此乖離只看RSI即可。

三、背離：背離的看法與RSI雷同，以K值做比較即可。當指數創新低K值未創新低，則出現第一次背離，KD也有可能出現第二次或第三次背離，在低檔背離做多。反之，當指數創新高而K值未創新高則高檔背離可做空。當然背離次數越多成功率越高。

●RSI與KD同步成功率最高

很多投資人會問RSI與KD哪一項比較準？筆者認為同步最準。何謂同步？如RSI交叉向上，KD也同時交叉向上。RSI做出背離、KD指標也做出背離。如此進場操作成功率最高。

就RSI與KD的成功率來看：

一、交叉的成功率大約5~6成。

二、乖離的成功率大約6~7成（出現臨界值可達8成以上）。

三、背離的成功率大約7~8成。

四、多次背離的成功率可達8~9成。

現在筆者再用簡圖畫出KD的背離狀態，可加深讀者的印象。在往後的實戰範例中，讀者可詳細看本書所列舉的K線圖表。

KD的高檔背離可短空

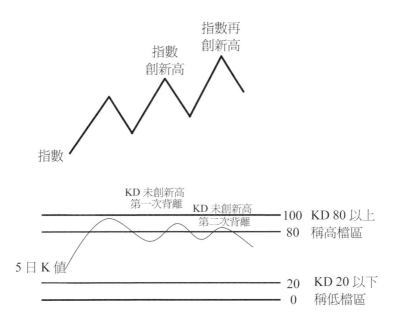

●就KD指標來看背離的成功率最高，可達8成。因此，我們把它稱為領先指標。若以分線操作在出現3次背離時，再出手成功率較高。

KD的低檔背離可短多

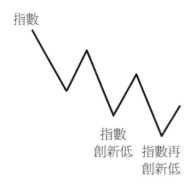

指數

指數
創新低　指數再
　　　　創新低

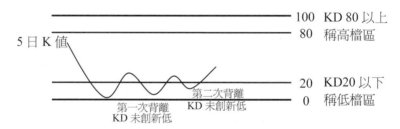

5日K值

100　KD 80 以上
80　稱高檔區

20　KD20 以下
0　稱低檔區

第一次背離
KD 未創新低

第二次背離
KD 未創新低

●就KD指標來看背離的成功率最高，可達8成。因此，我
們把它稱為領先指標。若以分線操作在出現3次背離
時，再出手成功率較高。

MACD（平滑異同移動平均線）其買賣點有三：

一、柱狀體在零軸以上做多，在零軸以下做空。柱狀體是
　　DIF－MACD所得到的數值，如果是正值就零軸以
　　上，反之負值則在零軸之下。

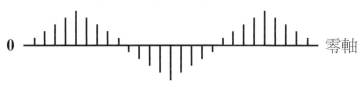

二、柱狀體在零軸以下縮腳做多。在零軸以上縮頭做空。

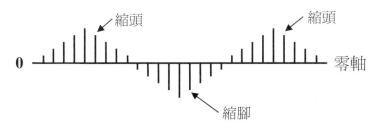

三、背離：柱狀體在零軸以上連續出現兩個波峰（雙
　　　　　頭）。當指數創新高但第二個波峰並未創新
　　　　　高，這是高檔背離。當第二個波峰開始縮頭時
　　　　　是賣點。
　　　　　反之，當柱狀體在零軸以下連續做出兩個波底
　　　　　（雙底）。當指數創新低，第二個波底未創新
　　　　　低，這是低檔背離。當第二個波底開始縮腳時
　　　　　是買點。

●MACD指標成功率最高的也是背離。它可作出一次、二
　次、三次…背離。通常在第二次背離出手成功率就可達
　8成以上。

現在我們再用簡圖畫出MACD的背離狀態。

MACD零軸以上高檔背離：

如圖所示，指數創新高MACD的柱狀體未創新高

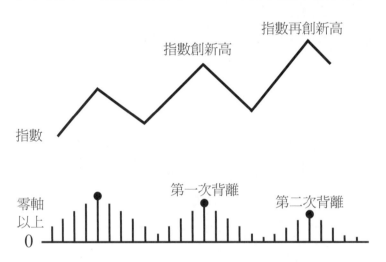

● 指數一波比一波高，MACD柱狀體卻一波比一波低，呈現背離狀態。若出現兩次或三次高檔背離，出手做空操作成功率更高。

MACD零軸以下低檔背離：

如圖所示，指數創新低MACD的柱狀體未創新低

- ●指數一波比一波低，MACD柱狀體卻一波比一波高，呈現背離狀態。若出現兩次或三次低檔背離，出手做多操作成功率更高。
- ●我們談了三個技術指標RSI、KD、MACD，若三個技術指標都出現買點或賣點，此時出手作多或做空成功率最高。若僅兩個出現買賣點也可接受，但成功率較低。

3-7 技術指標看4,5,6做1,2,3

線型指標與技術指標

我們在操作期貨指數時應以線型指標為主，技術指標為輔。

線型指標：K棒、均線、45度線、趨勢線、成交量、型態等稱之為線型指標。

技術指標：RSI、KD、MACD、DMI、OBV…等稱之為技術指標。

●技術指標的口訣：看4,5,6做1,2,3

在期貨的課程中談到技術指標的買賣點，筆者特別請上課的學員背一個口訣：「看4,5,6做1,2,3」。做1,2,3就是剛剛我們所分享的RSI、KD、MACD的買賣點，如：交叉、乖離、背離。看4,5,6就是在提醒各位學員要依據技術指標出手時必先看4,5,6，再做1,2,3。

做	1.**交叉**：RSI、KD的交叉 2.**乖離**：RSI的乖離 3.**背離**：RSI、KD、MACD的背離
看	4.**買二下賣八上**：無論要做交叉、乖離或背離都希望在20以下的低檔區做多，在80以上高檔區做空。 5.**買雙底或雙頭**：要出手操作時看RSI、KD、MACD是否出現雙底以上（做多），或雙頭以上（做空）。 6.**1分線、5分線、10分線、20分線、30分線**：是否有三組以上技術指標在低檔區交叉向上（做多）或在高檔區交叉向下（做空）。

我們花了近20頁的篇幅談完了六口訣之後，緊接著就要談九重點。先前提到九重點是由六口訣演化而來的，換句話說九重點就包含了六口訣在內。

　　很多投資人看到九重點就覺得太複雜，筆者也有同感。其實在期貨的實戰中常用到的買賣點只有3~5個。而九重點是在闡述每天的期貨走勢都不會超過這九種變化，猶如孫悟空的72變永遠都逃不出如來佛的手掌心。

　　當您了解了九個重點之後，就可知道哪一個重點出現時，是否該出手做多或做空？而哪一個重點出手的成功率最高？在我們的學員中已有不少是期貨的高手。所謂高手就是成功率可達8~9成以上。我們認為7成以上的勝率就算及格了。失敗的部位記得停損就好。

　　談到這裡很多讀者可能急著想要了解九個重點到底是哪幾個比較重要？這也是本書期貨篇的精華。請各位讀者耐心的看完本書就可以了解答案在哪裡？尤其是我們列舉的1分線或5分線的K線圖，在圖中不斷標示且突顯它的重要性。

　　下一頁我們再把操作期貨的三原則、六口訣、九重點做個重點式的整理。接下來再將九重點做個排名，您就可以了解九重點中哪些重點比較重要必須詳加研讀。當盤中出現排名在前3~5名的重點時，必須給於關愛的眼神並適時出手。

三原則、六口訣、九重點的重點整理

三原則

1.先預測明日期指的支撐區與壓力區

2.從開盤判定指數先往支撐區或壓力區

3.從六口訣、九重點找買點或空點

六口訣

1.缺口：從缺口判定強弱好壞或更強、更弱

2.頸線：跌破頸線或突破頸線的買賣點或騙線的位置

3.趨勢：盤中劃趨勢線觀察突破或跌破的位置或三線合一的位置

4.成交量：觀察成交量的四種關係、六大比較法與大量的位置

5.型態：觀察型態的完成如W型、頭肩型並設定買賣點

6.指標：從技術指標如RSI、KD、MACD設定買賣點

　　從上述六口訣可演化成九個重點。下一頁筆者就把九個重點做一個排名。排在前3~5名的指標代表出手的成功率較高，但仍須讀者多看K線圖累積足夠的經驗。而排名在6~9名不是不重要也必須列入參考。

　　最重要的是當我們專心看1分線、5分線、10分線時也不要忽略日線、周線、月線的壓力與支撐，尤其是日線。所謂螳螂捕蟬，黃雀在後。而黃雀也不要忘了後面還有一位弓手虎視眈眈想抓黃雀。

九重點的排名順位

一、缺口的位置：每個月20個交易日皆會出現10天左右，早上一開盤就留下一個缺口。從缺口的上限、下限、最上限、最下限以及填補與否找買點或空點。

二、大量的位置：從盤中觀察1分、5分、10分線出大量的位置是否突破或跌破尋求買點或空點。

三、騙線的位置：頸線、趨勢線、三線合一在1分、5分線時常出現騙線要學會看得出來。以便執行停損或反向操作。

四、三線合一的位置：三線合一拉出長紅突破前一波高點（做多）或拉長黑跌破前一波低點（做空）。

五、趨勢線、頸線的位置：盤中劃趨勢線與頸線尋求支撐與壓力並設定買賣點。

六、技術指標的位置：RSI、KD、MACD是否同步在低檔區或高檔區再決定做多或做空。並與線型指標同步操作。

七、多空線的位置：多空線就是我們所談的最後一條停損均線（20均線）俗稱政黨輪替線。可注意10分線或15分線的準度。

八、型態的位置：完成型態後的買點與賣點設定。尤其是雙底以上或雙頭以上的買賣點。

九、捲麻花的位置：連續急漲或急跌後的整理稱作捲麻花。如何看出捲麻花？是以多空線為標準上下整理稱之。

　　我們把九重點中的排名談完之後，請各位讀者大人務必記住這九重點的買賣點。尤其是排名前5名的重點位置。我們準備了數十張的K線圖其中有些是彩色印刷主要是讓讀者看清楚長紅或長黑的位置。

　　在這些K線圖中您會發現九個重點不斷的上演。我們稱它為「九命怪貓」。因為任何一項指標都有可能讓您賺錢或賠錢。

　　而這九個重點又挑出5個比較重要的指標其成功率較高。因此我們把它稱作「九五之尊」。因為只要您操作得宜，自然可快速累積財富。讀者可先模擬操作一段時間看看自己的成績單是否達到7成以上的勝率。

　　在這K線圖中，您會發現排名前5名的重點時常出現，每一次出現時都可注意它的買點與空點。若同時出現2個或3個以上則出手的成功率就會提高。例如：出現大量又突破下降趨勢線且做出三線合一…等。或出現大量、技術指標背離…等。

　　一回生，二回熟。一次難、二次易、三次不考慮。多練習、多模擬操作自然可體會箇中滋味。水能載舟，亦能覆舟。期指是高報酬也是高風險。只要學會趨吉避凶自然可將風險降低。本書後面附錄「期貨與選擇權的模擬操作表」與「預測明日期貨指數的壓力區與支撐區」的模擬表格讀者可自行影印多加利用。

Take a Break

閱讀休息站

喝杯茶水
品嚐一下

學員的感性分享

以簡單明確的方法重新認識期貨選擇權

和陳老師合辦課程多次，股票和期權各四堂課，每次都很成功，這是一件不容易的事。陳老師不僅上課認真，更能將其寶貴的實戰經驗以淺顯易懂的方式讓學生能完全吸收。看到那麼多的學生因為上了課後，便能很輕易地能判斷漲跌盤並預測壓力支撐，省下大筆的金錢和時間再去摸索，真的很替他們高興。

而陳霖老師的每一本書更是他上課整理後的精華。可說是以最少的投資，創造最大獲利的方法。如今在萬眾期盼下終於將出版有關期貨選擇權的書，更是令人期待。這將又是一本實用的期權參考書，對於熟悉股市三寶方法的人，又將是一個10倍數獲利的機會。不論是三線合一觀念、45度線、鴨嘴理論、量的劇遞定義、價乖離、選股六原則等條件，在在都是相當實用且簡單易懂的選股方法，也是判斷趨勢轉折的方法。

猶記得97年10月大盤在4千點時拜訪陳老師時，他就毫不藏私地教我用RSI的臨界值和其它方法看出股市將會開始有一波多頭行情，果不其然，之後不久股市一連漲了4千點。任職於精誠資訊銷售DQ/富貴贏家軟體多年，一般投資朋友都將期貨選擇權視為洪水猛獸，然而陳霖老師卻能以簡單明確的方法讓投資朋友重新認識期貨選擇權，只要學會陳霖老師課程上或書裏面的方法，就能抓住掌握漲跌盤、就能抓住轉折點、就能預測壓力支撐、就有正確的策略操作期貨選擇權，投資朋友豈有不賺錢的道理。

精誠資訊，林經理

利用45度線操作選擇權出手必捷

常常聽人說，股票是個吃人市場，做股票更如同在人間煉獄受煎熬，買也後悔，賣也後悔。市場消息一大堆，分析師每天在媒體口沫橫飛，你有因此而賺錢嗎？我是不但沒有，還因為參加過知名投顧分析師的會員，有過很糟糕的賠錢經歷，有如噩夢一場。

投顧靠不得，那靠自己呢？唉呀！還是糟糕透了！哈，我每天好像股神，追高殺低，不知向誰借的膽，還用融資買進，股票跌的時候，常常自我安慰，心存僥倖，並且求神問卜，希望明天不會再跌啦！可惜永遠事與願違，明天他照樣跌給你看，根本不懂要停損，結果被融資追繳到手腳冰冷的滋味，到現在想起來，還心有餘悸。希望你沒有和我一樣慘痛的經驗。

然而天無絕人之路（老掉牙的話最真實）！幸好此時遇到陳霖老師，看老師蠻古意，說話實實在在的，不像市場上那些"老輪"。我抱著姑且一試的心情，參加了陳霖老師的課程，接著發現陳老師沒有虛誇的聲勢，只有誠懇的態度，於是又買了陳老師寫的《10倍數操盤法》和《股市三寶》兩本書回家好好研究一番，真是太棒了！從此救我脫離了"丐幫"陣容。

其實我們陳老師的舊生都知道，光是陳老師的《10倍數操盤法》和《股市三寶》兩本書，對投資人來說，如果能夠詳細研究，有如得到股市之葵花寶典，已經是受益無

窮。其中我利用老師獨創之45度線去做選擇權，幾乎出手必捷。讓我想起陳老師有一位舊生曾說：他靠著45度線就可以悠遊股海，這種境界，你羨慕嗎？我可是快要追上啦！等你嘞！

　　剛剛聽到師母說：老師近期要出新書了。這消息真是太讚了！因為這意味著老師在股市的鑽研上，必定又有新的突破囉！不得了，還有比葵花寶典更厲害的武功要出世啦！嘿！真想先"睹"為快，先練先贏，這樣"股"林盟主就有可能換我做啦！

　　感謝老師不嫌棄，找我寫序，惟請老師和讀者原諒我文采不佳，只盼能將這麼好又這麼實在的陳老師，推薦給大家，和大家分享新書，一起賺錢，不亦樂乎！

　　最後，祝福最敬愛的老師，身體健康，事事如意，永遠做我們的股市明燈！

台北復華　敬于2010/5/6

一句股有量價勢，勢有漲跌盤，深深吸引了我

股海之六字真言：

　　偶然中經由友人大力的推薦，聽完一場老師的演講。一句股有"量價勢"，勢有"漲跌盤"，深深吸引了我，一語道醒股海迷霧中的我，股市不就是"量價勢"，"漲跌盤"嗎？，還有什麼呢？當下心中決定一定要與老師好好學習，拋開以往之所學，重新（心）開始。

　　學習當中更體會到什麼是精緻實用的技術分析，化繁為簡沒有艱深難懂的地方，且不論任何年齡皆可學會，唯需反覆勤加練習。學習後適逢年初至今由8395至7080，再到8190至7032，我用了老師所教導的股市三寶，與《10倍數操盤法》一書中之趨勢線、軌道線、X線，配合口訣，配合價量，每一波段皆能達到趨吉避凶，低買高賣。尤其用在期、權方面更為得心應手，用軌道線配合價量，用45度線判多空，簡單且客觀，成功率相當高約8-9成。最神奇的是當行情尚未反轉之際，就能預知何時將可能反轉，更妙的是利多、利空消息也在此時發生，配合得天衣無縫，正可謂線到消息到。現在我每天悠遊於線裡乾坤之中，配合價量，盤後研習的時間減少了，成功率卻增加了，感謝好朋友的介紹，更感謝老師研究出這麼好的分析工具，股市當中還有比這更明確、客觀的技術分析工具嗎？，一份好的技術分析，唯有不斷的重覆學習，方能得其精髓之所在，名師難尋既然有緣相遇期望投資學員能認真、努力學習此技術分析，以期達到股海揚帆，期權得利。

　　祝福老師身體健康萬福

　　　　　　　　　　　　　　　　　高雄學員，Ms.蔡

第四章

九重點 成交量與未平倉量

重點提示
- ◆ 缺口的位置如何看
- ◆ 大量的位置如何看
- ◆ 騙線的位置如何看
- ◆ 三線合一的位置如何看
- ◆ 趨勢線與頸線的位置如何畫
- ◆ 技術指標的位置如何看
- ◆ 多空線的位置如何看
- ◆ 型態的位置如何看
- ◆ 捲麻花的位置如何看
- ◆ 成交量與未平倉量

4-1 缺口的位置

　　現在我們將九個重點配合K線圖進一步的詳細說明。讀者務必仔細觀察本章節K線圖中所標示的買賣點，以便在看盤中比對，如此看盤技巧才會精進。本章節是期貨篇的精華，宜反覆多看幾遍，功力就會大增。

　　缺口是代表強烈的轉折訊號，因此我們把它列入排名的第一順位。如果您是期貨的老手您會發現在一個月約20個交易日當中以1分或5分鐘線來看，就有10個以上的交易日在早上8：45分甫開盤就出現一個跳空缺口。如果開高盤當然是跳空向上缺口。反之開低盤則是跳空向下缺口。如何掌握缺口的買賣點，進而做多或做空是決定當天獲利的重要關鍵。

　　只要早上一開盤出現缺口我們就必須注意缺口的四個價位。就期貨而言則是四個指數。為了方便讀者能了解此四個指數的名稱，我們就把它稱作缺口的上限、下限、最上限、最下限。也可能稱作上沿、下沿、最上沿、最下沿。

　　筆者在上期貨課程為了讓學員更了解上限、下限、最上限、最下限的定義，特別把它改成上線、下線、最上線、最下線。主要是因為台灣的傳銷或直銷事業非常發達，大多數的朋友都知道參加直銷事業皆有上線、下線、最上線或最下線。這是為了讓學員加深印象比較好記而已，其實名稱是不太重要。但此四個指數就非常重要，以後的章節我們就會詳細說明它的重要性。

缺口的上限、下限、最上限、最下限。

如圖所示是跳空上漲的缺口：

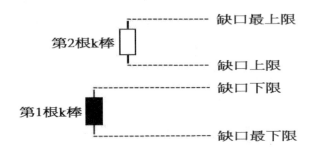

如圖所示是跳空下跌的缺口：

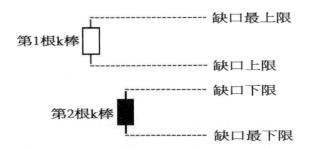

　　跳空缺口是由兩根K棒組成。如果是跳空上漲缺口則第1根K棒的最低點稱作缺口最下限，最高點稱作缺口下限。第2根K棒的最低點稱作缺口上限，最高點稱作最上限。

　　反之跳空下跌的第1根K棒的最高點稱作缺口最上限，最低點稱作缺口上限。第2根K棒的最高點稱作缺口下限，最低點稱作缺口最下限。

跳空上漲缺口的買點與空點

　　先前提過在每個月20個交易日中有一半以上早上一開盤就出現跳空缺口尤其是1分線或5分線。如圖（4-1）所示，就是一分線的跳空上漲缺口。缺口位置可畫頸線。

買點與空點說明如下：

圖中①所標示的是缺口上限。

　　若指數3~5盤最多8盤不破此缺口上限代表強勢可買
　　進做多。

圖中②所標示的是缺口最上限。

　　若指數突破缺口最上限表示更強可加碼多單。

圖中③所標示的是缺口下限。

　　若指數跌破①缺口上限轉壞可試空單。若再跌破③
　　缺口下限轉弱可做空。

圖中④所標示的是缺口最下限。

　　若指數跌破最下限填補缺口代表更弱可加空單。

圖中⑤所標示的是三線合一，也是我們9項重點的買賣點
　　之一。以後章節會詳細說明。

　　操作期貨的三原則、六口訣、九重點非常重要。在本書中會不斷的提出。六口訣演化成九重點，您會發現在每一個交易日中這九個重點都會出現3~5個，甚至更多。其中排名第一順位的就是缺口。第二順位的是大量的位置。第三順位的是騙線的位置。再來就是三線合一的位置、趨勢線的位置、多空線的位置…等等。

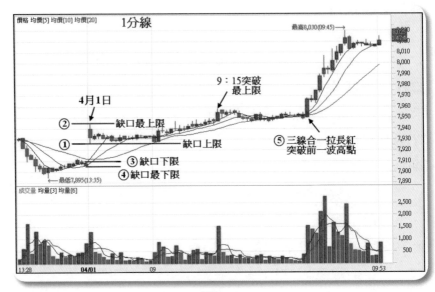

圖4-1

如圖所示：是99年4月1日早盤甫開盤就出現上漲缺口。

圖中①所標示的是缺口上限皆未跌破代表強勢盤，是短多的買點。

圖中②所標示的是缺口最上限在9點15分指數站上缺口最上限，屬更強的走勢。最後做出三線合一拉出一根長紅突破9點15分的高點再漲一波。

圖中③所標示的是缺口下限。

圖中④所標示的是缺口最下限。

圖中⑤所標示的是三線合一拉長紅的位置。三線合一也是買賣點的重要依據。

跳空下跌缺口的買點與空點

　　跳空向下跌缺口的買點與空點剛好與跳空上漲的缺口相反如圖（4-2）所示，就是一分線的跳空下跌缺口。缺口位置可畫頸線。

買點與賣點說明如下：

圖中①所標示的是缺口下限。

　　　　若指數3-5盤最多8盤沒有站上此缺口下限則代表弱勢可短空。

圖中②所標示的是缺口最下限。

　　　　若指數再跌破此缺口最下限則更弱可加空單。

圖中③所標示的是缺口上限。

　　　　若指數重回①缺口下限之上則轉好可試買多，若再站上③缺口上限則轉強可做多。

圖中④所標示的是缺口最上限。

　　　　若指數突破缺口最上限則填補缺口代表更強可加多單。

　　為了讓讀者多了解缺口買賣點的重要性，筆者特別印了多張的缺口K線圖，其中有1分或5分線。有跳空上漲缺口，或跳空下跌缺口。盼望讀者能詳細閱讀缺口的買賣點。當您出手操作缺口時能十拿九穩。目前已經有很多上過我們期指班的學員皆能利用缺口出現時伺機出手操作獲利不少。

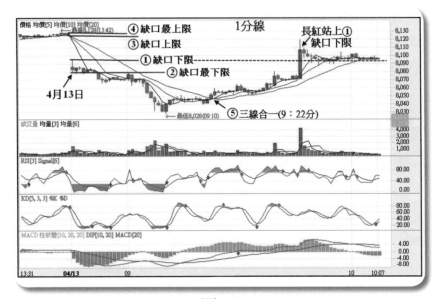

圖4-2

如圖所示：是99年4月13日開盤就跳空向下留下一個下跌
　　　　缺口。

圖中①所標示的是缺口下限。

圖中②所標示的是缺口最下限。在第七盤就跌破缺口最下
　　　　限是更弱的走勢可短空。雖然指數略作反彈但仍無
　　　　法重回缺口最下限之上，因此指數再跌到8028。直
　　　　到9點22分做出三線合才上漲一波。

圖中③所標示的是缺口上限。

圖中④所標示的是缺口最上限。

圖中⑤所標示的是三線合一的位置也是短多的買點，最後
　　　　長紅站上①缺口下限再度轉好也是買點。

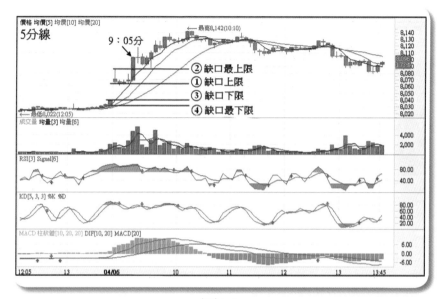

圖4-3

　　為了讓各位讀者能了解缺口的重要性，我們特別多舉幾個跳空缺口的例子給讀者參考。但願每一位看過本書的投資朋友皆能賺到缺口的錢。如圖所示：5分線的跳空上漲缺口。

　　開盤跳空上漲，雖然K棒收黑但指數經過3~5盤並未跌破圖中①缺口上限，因此可短多。在9點05分指數又突破圖中②缺口最上限更強可加碼做多。

圖中①所標示的是缺口上限。

圖中②所標示的是缺口最上限。

圖中③所標示的是缺口下限。

圖中④所標示的是缺口最下限。

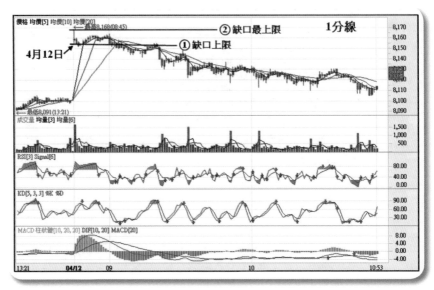

圖4-4

如圖所示：1分線在99年4月12日早上一開盤就上漲留下一個近50點的大缺口。雖然經過了8盤以上沒有跌破①缺口上限是買點，但是指數已經接近日線的軌道上沿（領先指標），因此不宜追高。何況指數經過16盤皆仍未站上②缺口最上限。最後終於跌破①缺口上限開始轉弱。縱有反彈也無法站上①缺口上限。此時是空點，後來指數一路下跌。

圖中①所標示的是缺口上限。

圖中②所標示的是缺口最上限。

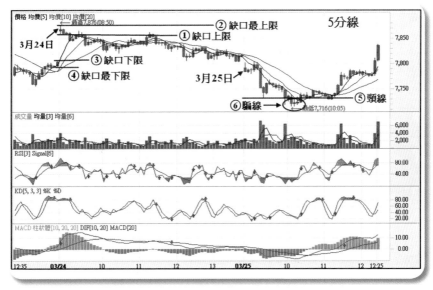

圖4-5

如圖所示：5分線在99年3月24日指數開盤跳空上漲不到三盤（15分後）就跌破圖中①缺口上限轉壞可短空。隔天3月25日一開盤又跌破圖中③缺口下限轉弱又是一個空點。最後長黑再破圖中④缺口最下限再跌至7716才止跌反彈出現假跌破圖中⑥騙線。

圖中①所標示的是缺口上限3-5盤內就跌破缺口上限轉壞可短空。

圖中②所標示的是缺口最上限。反彈不到①缺口上限也是空點。

圖中③所標示的是缺口下限。跌破缺口下限轉弱可短空。

圖中④所標示的是缺口最下限。跌破缺口最下限更弱可加空。

圖中⑤所標示的是頸線。

圖中⑥所標示的是騙線。1分、5分、10分鐘線常出現騙線。

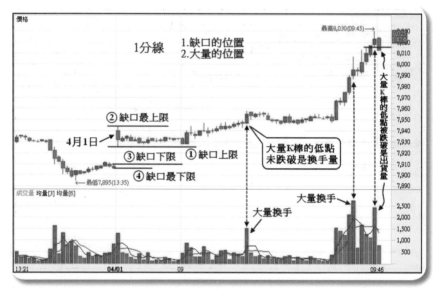

圖4-6

如圖所示：1分線在99年4月1日早上甫開盤又出現跳空上漲缺口。圖中①缺口上限未破是買點突破圖中②缺口最上限可加多單。注意大量的位置是否跌破？如3~5盤未破是換手量。反之跌破是出貨量可短空。

圖中①所標示的是缺口上限。

圖中②所標示的是缺口最上限。

圖中③所標示的是缺口下限。

圖中④所標示的是缺口最下限。

4-2 大量的位置

　　我們在九重點中特別提出排名第二順位大量的位置。在每天的盤勢中，尤其是1分、5分或10分線時常看到急漲或急跌中會出現大量。而先前我們已經在六口訣中的第四項成交量說明清楚。

大量的定義／

1分鐘線出現1500~2000口以上。超級大量則是3000口以上。
5分鐘線出現4000~5000口以上。超級大量則是8000口以上。
10分鐘線出現8000~10000口以上。超級大量是12000口以上。

　　不論是1分、5分、10分線在急跌時出現大量後3~5盤或8盤之內不破K棒低點稱之為低檔承接量，若換手成功可做多。若不幸跌破則是壓低出貨量可能再殺一波。若此時指數仍處在日線的壓力區仍可追空。

　　盤中急漲時出現大量，此大量3~5盤或8盤之內不破可視為換手量，若換手成功可做多。指數突破大量的K棒高點可再拉一波。反之跌破大量的K棒低點可做空。

　　以下我們列舉了幾張K線圖，除了有缺口的位置也有大量的位置，也有三線合一的位置，甚至騙線的位置，讀者可詳細閱讀查看。就會發現我們所說的九個重點會在每日的行情中不斷的上演。若實在看不懂可參加我們期貨班的訓練課程。

●大量或超級大量會隨著台指期貨的總成交口數增加而上修。目前是以日成交口數10~15萬口統計。原則上總成交口數每增加5萬口則大量的位置可提高1~2成。

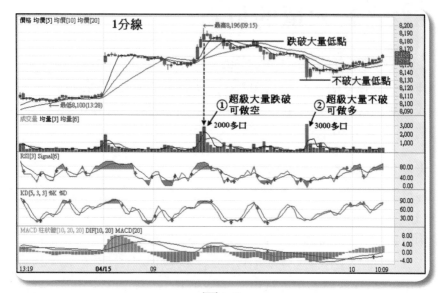

圖4-7

如圖所示：是1分鐘線。在圖中①出現大量2000多口經過6盤指數跌破此大量的K棒低點可做空，指數開始下跌。跌到圖中②出現3000多口的超級大量經過3~5盤或8盤指數沒有跌破此大量K棒的低點可做多。果然指數一路上漲並做出三線合一向上。

圖中①所標示的是大量的位置：跌破後轉弱可短空。

圖中②所標示的是大量的位置：不破則可望止跌可短多。

●大量的位置是否跌破？可觀察3~5盤或8盤再出手。除非超級大量。在3盤之內未破且換手成功就可出手。若跌破仍要設停損。

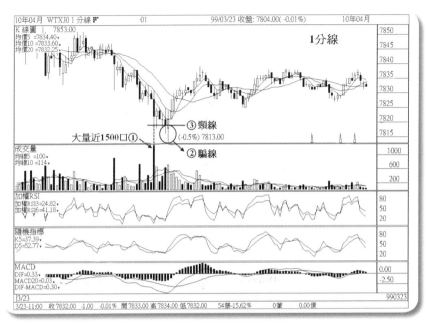

圖4-8

如圖所示：是1分線。圖中①所示出現近1500口的大量雖然經過5盤跌破大量那根K棒的低點，但短時間內指數重新站上大量的低點之上可視為假跌破或稱騙線。

當指數跌破大量K棒的低點但跌幅不深，且在3~5盤之內馬上又站上大量K棒的低點之上，我們稱它是假跌破或騙線也是買點。

圖中①所標示的是大量的位置：觀察大量是否跌破？

圖中②所標示的是騙線的位置：可注意騙線的買點。

圖中③所標示的是頸線的位置：是否假跌破真上漲。

　　買點設在頸線之上。

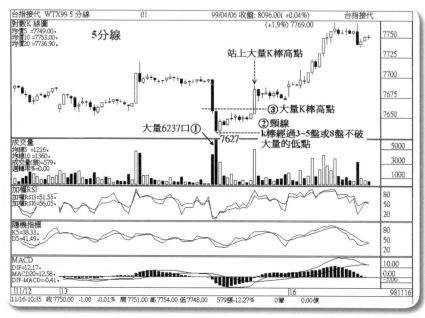

圖4-9

如圖所示：是5分線。圖中①出現超過6000口大量經過了
3~5盤或8盤仍未跌破此大量K棒的低點表示支撐強可試
買。若突破大量K棒的高點換手成功再進場成功率較高，
也是真正的買點。

圖中①所標示的是大量的位置：5分鐘線須5000~6000口以
　　上。

圖中②所標示的是大量低點，也是頸線的支撐位置。

圖中③所標示的是大量K棒的高點。

●大量出現後可在K棒的最高與最低點畫頸線。指數未破
　最低點，只能試買，突破最高點換手成功才是真正買
　點，可參閱《K線實戰秘笈》第八章的說明。

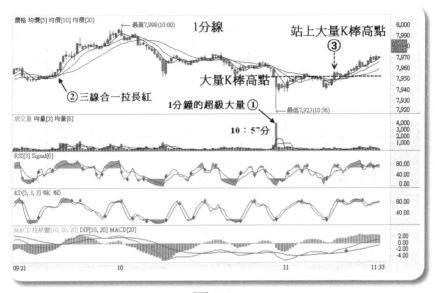

圖4-10

如圖所示：是1分鐘線的K線圖。在10點57分時出現一根1分線的超級大量。經過3~5盤最多不超過8盤指數未跌破7923的低點。果然轉強上漲。後來指數再站上大量K線的高點之上換手成功可加碼買進。

圖中①所標示的是大量的位置：1分線1500口以上算是大量。3000口以上算是超級大量。通常超級大量出現後，指數不容易再跌破此大量K棒的低點，因此可視為試買點。

圖中②所標示的是三線合一拉長紅的位置在第4個重點會談到。

圖中③所標示，K線站上大量K線的高點換手成功是真正的買點。

●關於進貨量、出貨量、換手量，再次建議參閱《K線實戰秘笈》第八章說明。

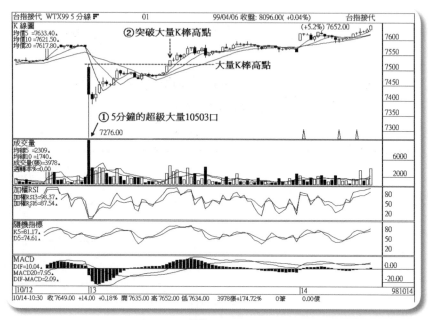

圖4-11

如圖所示：是5分線。出現一根超級大量達到10503口且此大量又留下一根長長的下影線。經過3~5盤或8盤以上指數仍未跌破此大量K棒的低點且站上大量K棒的高點，如圖②所示。

圖中①所標示的是超級大量（10503口）。

圖中②所標示的是突破大量K棒的高點，是真正的買點。

●若在低檔區大量的低點不破且站上大量K棒的高點，換手成功可視為進貨量。若跌破大量K棒的低點則是壓低出貨量。

●若在高檔區大量的低點不破且突破大量K棒高點可視為換手量，若跌破大量K棒的低點則是換手失敗可視為出貨量。

4-3 騙線的位置

　　騙線顧名思義就是假的。所謂「騙」就是假的。因此騙線也稱作假跌破或假突破。既然是假的就不要被騙。萬一已經知道被騙就要即時改過。就是我們所說的停損。甚至反向操作把被騙的點數再賺回來。

　　期貨或選擇權的高手除了勝率高達8~9成之外，最重要的是能反敗為勝。欲反敗為勝就要洞燭機先。當別人騙你的時候，你能夠看得出來。

　　在期貨指數的1分線或5分線、10分線時常出現騙線。尤其是1分線與5分線。主因是因為主力要騙您1分鐘或5分鐘比較容易。若要騙3天、5天比較不容易因為他要投入的成本較高。

　　1分線、5分線的騙線有成交量的騙線、頸線的騙線、趨勢線、或三線合一的騙線。其中以成交量與頸線騙線最常出現。而且這兩個也時常掛勾。也就是說在下跌趨勢中當大量的K棒低點跌破後但跌幅不深又出現第二根的大量。此第二根的大量低點不破且在3~5盤之內快速的再重新站上第一根大量的K棒低點之上。如此稱為低檔騙線，是買點。

　　相反的在上漲趨勢中出現大量而此大量的高點被突破後，但漲幅不高又出現第二根大量。此時第二根大量的高點不會太高且在3~5盤之內又快速跌破第一根大量的K棒高點之下。如此稱為高檔騙線。讀者對文字說明若不了解可看以下K線圖表就可 一目了然。

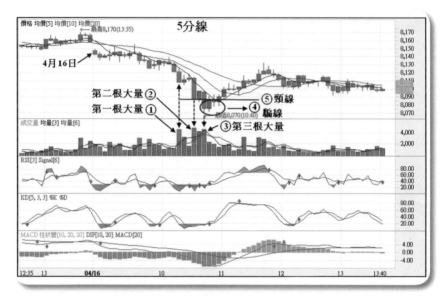

圖4-12

如圖所示：是5分線。4月16日開盤跳空下跌之後，在圖中
①第一根大量出現後經過2盤指數就跌破此大量的K棒低
點是弱勢表現可短空。圖中②第二根大量經過2盤又跌破
但馬上出現圖中③第三根大量。在第三根大量出現後經過
4盤指數就重回第二根大量K棒的低點之上是一種騙線可
視為買點。

圖中①所標示的是第一根大量的位置須觀察3-5盤是否跌破？

圖中②所標示的是第二根大量的位置須觀察3-5盤是否跌破？

圖中③所標示的是第三根大量的位置在3~5盤之內重回第二
　　　根大量的K棒低點之上也是⑤頸線之上是買點。

圖中④所標示的是騙線的位置。

圖中⑤所標示的是頸線的位置。

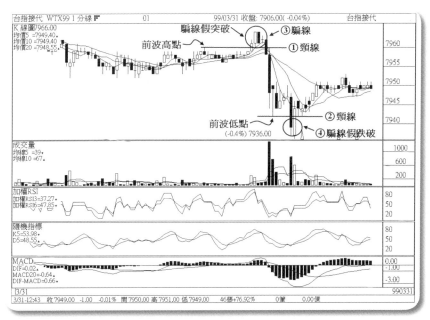

圖4-13

如圖所示：是1分線。從圖中可看出頸線①以上是上漲趨
勢中的騙線，也可稱為假突破真拉回。而頸線②以下是下
跌趨勢中的騙線是假跌破真上漲。

　　就成交量的六大比較法中股價創前一波高點，拉回跌
破前一波高點，有出貨跡象是賣點。反之指數跌破前一波
低點反彈站上前一波低點之上，有進貨跡象是買點。

　　「騙線」除了出現在頸線之外，如：均線、趨勢線、
三線合一等偶而也會出現騙線。只要您看得出來騙線，就
可反向操作。

圖中①與②所標示的是頸線的位置。

圖中③與④所標示的是騙線的位置。

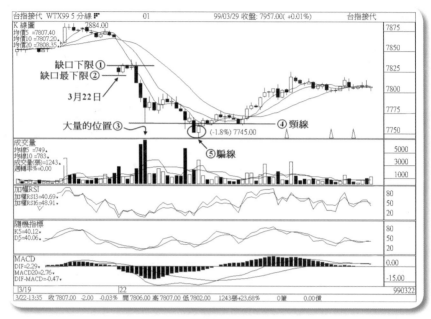

圖4-14

如圖所示：是5分線的K線圖。99年3月22日早上一開盤就出現跳空向下的缺口。且缺口的下限未站穩經過4盤後，跌破缺口的最下限因此急跌近50點。缺口的下限若站不上是空點。跌破缺口的最下限更弱可加空。

圖中①所標示的是缺口下限。圖中②所標示的是缺口最下限。

圖中③所標示的是大量的位置。5分線超過5000口以上。

圖中④所標示的是頸線的位置。

圖中⑤所標示的是騙線的位置。大量出現最容易伴隨騙線。當指數跌破大量K棒的低點且跌幅不深馬上又站上此K棒低點（頸線）之上。則此頸線不再跌破可視為買點。

4-4 三線合一的位置

在九個重點中三線合一也是一個重要的買賣點之一。筆者在《10倍數操盤法》與《股市三寶》中特別建議投資人利用技術面選股時要注意三線合一的位置。

所謂三線合一在日線而言就是5日、10日、20日三條均線密合糾結在一起。若以1分線來看就是5分、10分、20分三條均線密合在一起。5分鐘的K線圖，10分鐘的K線圖，15分鐘的K線圖其看法都是一樣。

三線合一是否會拉一波或跌一波如何看？

三線合一向上的上漲條件╱

1. 三線合一的位置拉出一根長紅或連續上漲，突破前一波的高點是買點。
2. 做出三線合一之前的成交量越小越好。
3. 三線合一若未突破前一波的高點，則會形成箱形整理或捲麻花。也有可能形成三線合一向下的騙線走勢。

三線合一向下的下跌條件╱

1. 三線合一位置拉出一根長黑或連續下跌，跌破前一波的低點是賣點。
2. 做出三線合一之前的成交量越大越好。
3. 三線合一若未跌破前一波的低點，則會形成箱型整理或捲麻花，也有可能形成三線合一向上的騙線走勢。

　　在九個重點中我們已經把前面排名三個重點的買賣點談完。現在我們所列出三線合一的K線圖中，您會看出除了三線合一的位置之外，也包含了先前談到缺口的位置、頸線的位置、大量的位置、騙線的位置等。主因是讓讀者了解期貨的1分線或5分線或10分線的短線上隨時會出現我們所說的九重點。

　　然而在這九個重點中要如何出手做多或做空呢？除了本書所提示的九個重要買賣點之外，最重要的是「看盤經驗」。累積足夠看盤的經驗，就會與盤勢契合。

　　所謂契合就如同修行人或修道人所說的天人合一。當您與盤勢合一時，整個盤勢的走勢就會如同您的想法一樣。好比人的第六感非常神準。我們把它稱作「盤感」。我時常問學員您最近的盤感如何？不必問您最近操作的如何？只要他回答盤感很好就知道會賺錢。

　　接下來我們舉幾個三線合一的範例給讀者參考。這些範例中有缺口的位置、大量的位置、騙線的位置、趨勢線、多空線、捲麻花的位置…等，讀者可一併研讀必有所得。

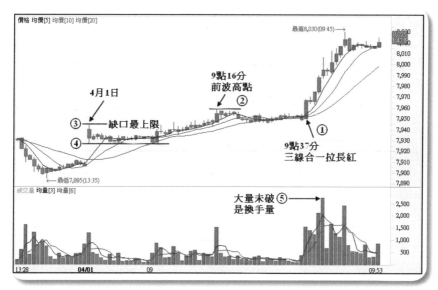

圖4-15

如圖所示：是1分鐘的K線圖。在99年4月1日開盤出現向
上的缺口。在9點37分出現三線合一拉長紅突破前一波9點
16分的高點。果然上漲一波。

圖中①所標示的是三線合一拉長紅的位置，突破圖中②前
　　　一波的高點，是買點。

圖中②所標示的是前一波高點在9點16分。

圖中③所標示的是缺口最上限在9點16分被突破，是買點。

圖中④所標示的是缺口上限經過3~5盤或8盤皆未跌破也是
　　　買點。

圖中⑤是大量的位置未跌破是換手量。

●本圖有缺口、大量、三線合一。

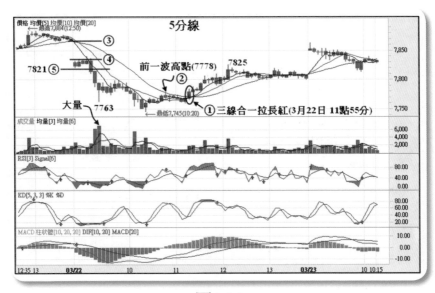

圖4-16

如圖所示：是5分鐘的K線圖。在99年3月22日11點55分做出三線合一。拉長紅突破前一波7778。

圖中①所標示的是三線合一的位置拉出長紅站上多空線（20均線）且突破前一波的高點是買點。指數從7778漲到7825。

圖中②所標示的是前一波的高點，其位置在7778。

圖中③所標示的是跳空向下缺口的上限。

圖中④所標示的是跳空向下缺口的下限。

圖中⑤所標示的是缺口的最下限。指數不但未站上圖中④缺口的下限反而經過5盤跌破缺口的最下限是賣點。指數自7821跌到7763出現大量才止跌。

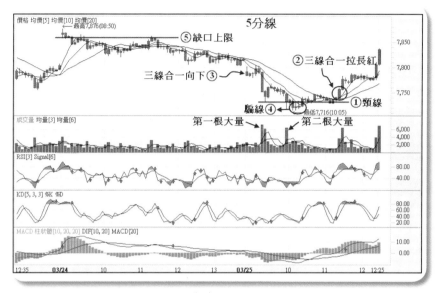

圖4-17

如圖所示：是5分鐘線的K線圖。有缺口、大量、騙線、
三線合一。

圖中①所標示的是三線合一頸線的位置。

圖中②所標示的是三線合一拉長紅突破前一波的高點是買點。
　　　爾後，指數大漲一段。

圖中③所標示的是三線合一跳空下跌是賣點。爾後，指數大跌
　　　一段。

圖中④所標示的是騙線的位置。出現第二根大量，假跌破真上
　　　漲是買點。買點設在①頸線之上。

圖中⑤所標示的是缺口的位置跌破缺口上限是賣點可試空。

每張圖皆可詳細觀看閱讀。看得夠多就可輕而易舉的找到
買點和空點。換言之看越多賺越多。

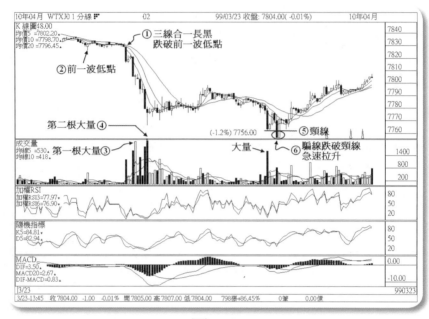

圖4-18

如圖所示：是1分鐘線的K線圖，其中有三線合一的位置、大量的位置、騙線的位置。

圖中①所標示的是三線合一拉出一根長黑棒跌破圖中②前一波低點是空點。指數因此大跌一段。

圖中③所標示的是第一根大量1分線1500口以上，但無止跌。

圖中④所標示的是第二根大量一分1500口以上。在急跌中或利空消息通常會在第二根或第三根大量才會止跌。

圖中⑤所標示的是頸線的位置。當指數跌破頸線但跌幅不深急速拉升到頸線之上是買點。

圖中⑥所標示的位置是騙線的位置。

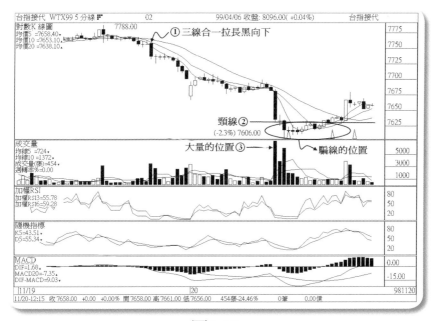

圖4-19

如圖所示：是5分線的K線圖。

圖中①所標示的位置是三線合一拉長黑跌破前波的低點是
　　　空點。

圖中②所標示的是頸線的位置。

圖中③所標示的是大量的位置。5分鐘線大於5000~6000口
　　　以上，跌破圖中②頸線但跌幅不深，經過12盤以
　　　後，重新站上圖中②頸線之上是買點。

　　您會發現跌破大量的K棒低點但跌幅不深馬上又重新
站上此大量K棒的低點之上，通常是騙線的因素。1分、5
分、10分線時常出現。讀者宜注意重回頸線的買點。

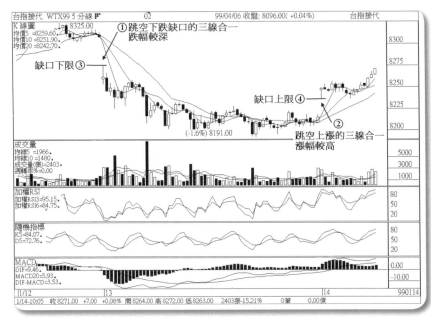

圖4-20

如圖所示：是5分線的K線圖。您會發現用跳空下跌或跳空上漲所做出的三線合一其跌幅或漲幅都較大。

圖中①所標示的是跳空向下，以缺口做出三線合一向下，且缺口未馬上向上填補，因此跌幅較深。空點可設在缺口下限圖中③。

圖中②所標示的是跳空向上，以缺口做出三線合一向上，且缺口未馬上向下填補。因此漲幅較高。買點在缺口上限圖中④。

圖中③所標示的是缺口下限。

圖中④所標示的是缺口上限。

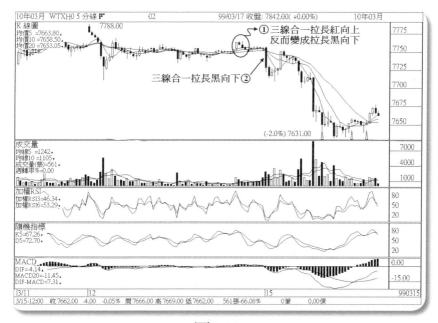

圖4-21

如圖所示：是5分線的K線圖。原本是橫向整理到圖中①
三線合一拉長紅向上結果經過9盤之後，變成三線合一拉
長黑向下。可視為三線合一的騙線。

圖中①所標示的是三線合一拉長紅向上

圖中②所標示的是三線合一拉長黑向下是三線合一的騙
　　　線。

　　原先三線合一向上，在3~5盤或8盤之內改變成三線合
一向下就有騙線嫌疑。反之，原先三線合一向下在短時間
內又改變成三線合一向上也是如此。若在三線合一向上時
做多發現被騙就可反向做空以避免虧損擴大。

4-5 趨勢線與頸線的位置

　　在實戰的看盤中隨著K線的走勢圖波動，當K線做出趨勢時就可動手畫趨勢線與頸線。或看均線，因為均線也屬於趨勢的一種。

　　先前在六口訣的章節中，我們已詳細的說明頸線如何畫？趨勢線如何畫？也清楚的交代它們的買賣點。畫線技巧也是要多練習才能體會出買賣點的設定。在技術分析中畫線是重要的課程，尤其是軌道線，它是領先指標。讀者可在筆者所著的《10倍數操盤法》中看到軌道線的畫法。

　　畫線包含了頸線、趨勢線、扇形線、股價X線、軌道線，而且它具有延續性。所謂延續性是代表不只用當天的K線圖畫，而是可以把3-5天甚至8天、10天的K線圖連起來一起畫，如此要找出壓力與支撐的準確度較高。

　　或許有投資人會問在盤中不必畫線僅看缺口、大量、三線合一是否也能精確的抓到買賣點？筆者認為雖然前面4個重點已足夠您在盤中設定買賣點，但是多看幾種指標一起綜合研判可大大的提高買點或空點的精準度。何況在我們所說的三原則中的第一個原則：預測明日的壓力區與支撐區，其中利用畫線所設定出來的支撐區與壓力區準確度較高。我們也列舉數張畫線的買賣點給讀者參考。

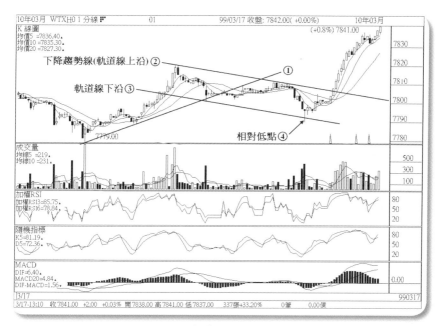

圖4-22

如圖所示：是1分鐘的K線圖。在這個K線圖中我們畫了上
升趨線、下降趨勢線與軌道線。您會發現在軌道線的下沿
可買到相對低點。因為它是領先指標。

圖中①所標示的是上升趨勢線。K棒跌破上升趨勢呈現橫
　　　盤走勢。

圖中②所標示的是下降趨勢線也是下降軌道線的上沿。您
　　　會發現指數突破此線時開始大漲。

圖中③所標示的是軌道下沿。當指數壓回到軌道下沿可買
　　　到相對低點。若再加上大量或剛好是日線所預測的
　　　支稱區，則進場低接可買到當日的最低點。

圖中④所標示的是軌道下沿的相對低點。

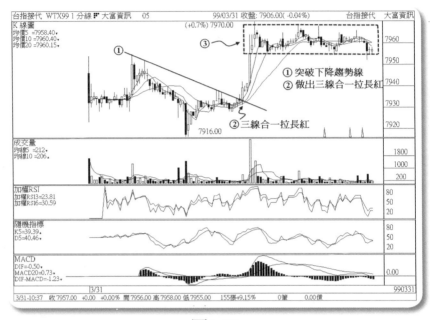

圖4-23

如圖所示：是1分鐘的K線圖。當K線圖突破圖中①下降趨勢線且做出三線合一，同時出現二個重點，因此指數急速上漲。若同時出現三個、四個重點以上，其買賣點的可信度與成功率更高。

圖中①所標示的是下降趨勢線。

圖中②所標示的是三線合一拉長紅突破前波高點的位置。

圖中③所標示的是橫向整理（虛線所框住的部分）也是我們所說的捲麻花的位置。

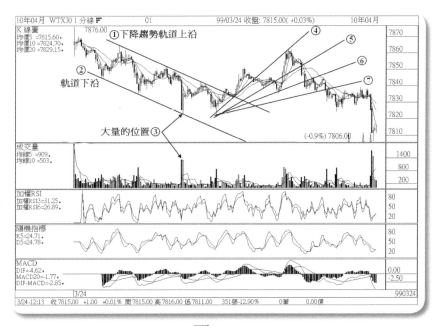

圖4-24

如圖所示：是1分線的K線圖。我們畫了趨線、軌道線、
扇形線。當指數碰到軌道下沿時就反彈，反彈力道不強。
主因是軌道下沿的K棒未出現1500口以上的大量。最後在
圖中③的位置出現兩根大量，剛好在軌道下沿才開始反
　　彈，且突破軌道上沿。

圖中①所標示的是下降趨勢線也可稱軌道線上沿突破後是
　　買點。

圖中②所標示的是軌道的下沿，K棒連續碰撞二次反彈無
　　力。第三次出現大量才反彈突破軌道上沿。

圖中④,⑤,⑥,⑦所標示的是扇形線指數不斷跌破扇形線。
　　　　反彈到扇形線皆是賣點。

4-6 技術指標的位置

　　在技術分析的領域裡可分為線型指標與技術指標，所謂線型指標是指：K棒、均線、45度線、趨勢線、成交量、型態等。技術指標則是RSI、KD、MACD、OBV、DMI等，之前已有談過。

　　我們建議操作期貨的朋友在看盤中以線型指標為主，技術指標為輔。這並不是代表我們不重視技術指標而是所有的技術指標都是由線型指標所計算出來的。線型指標與技術指標猶如人的雙手可相輔相成。人的雙手有一手會用的比較習慣，如慣用右手寫字或拿筷子的人，那麼右手就是線型指標，左手就是技術指標。相反的對於用慣左手的人（左撇子）則左手就是線型指標，右手就是技術指標。不少棒球投手都是左投手。

　　目前操作期指的朋友大都是短線操作。因此1分、5分、10分、30分線是看盤的重點。先前我們談到六口訣中的技術指標特別提到RSI、KD或MACD的背離，因為背離是一種領先指標，因此在參考技術指標操作時要特別注意背離的出現。當技術指標出現背離或乖離時再搭配線型指標設定買點與空點如此成功率才會提高。請注意我們的技術指標口訣：「看4,5,6做1,2,3」。

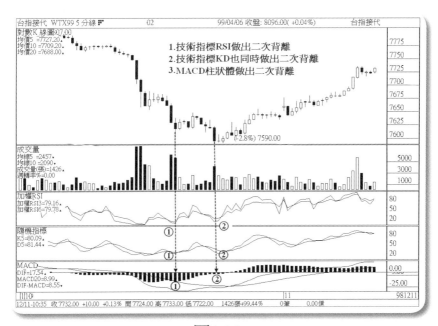

圖4-25

如圖所示：是5分線的K線圖。RSI與KD同時在低擋區20
以下做出二次背離再加上成交量出現5000多口的大量，因
此反彈上漲。

圖中①所標示的是RSI、KD、MACD在低擋出現第一次背
　　　離且出現大量。

圖中②所標示的是RSI、KD、MACD在低擋出現第二次背
　　　離。

　　上述三個技術指標同步在低擋區出現二次背離因此指
標反彈幅度亦高。

4-7 多空線的位置

所謂多空線的位置就是指20的均線或24的均線。在K線圖中不論是1分線、5分線、10分線…直到月線圖我們皆採取三條均線，也就是5、10、20或6、12、24。

就1分鐘線來看就是5分均線、10分均線、20分均線。其他5分鐘線、10分鐘線以此類推。在這三條均線中最後一條20均線我們把它稱作多空線，套一句政治語言就是政黨輪替線。也可說是多頭與空頭的分界線。

當K線站上多空線表示多頭掌控。反之，跌破多空線時是空頭掌控，此條線用在1分鐘線時較容易誤判。在1分鐘線的K線圖中時常發現K棒站上多空線之後不久，又跌破多空線形成捲麻花。若操作不當會被「巴來巴去」。

我們是建議當您在1分鐘線進場後，多空線就以5分或10分鐘線的多空線作為停利或停損的參考。若不是做極短線而是做比較長的投資人也可以30分鐘線的多空線做為停利、停損的標準。通常1分鐘線或5分鐘線是我們盤中切入的看盤重點，因此我們列出的K線圖大都是1分線或5分線。

多空線雖然是落後的買賣點但是它與其他兩條均線5與10可構成三線合一因此也不要忘了它的存在。

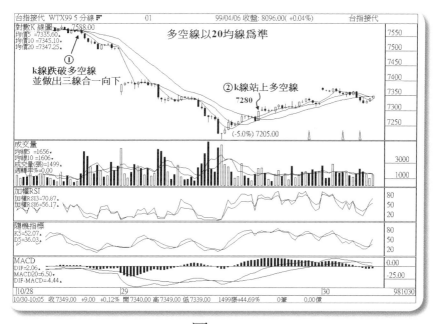

圖4-26

如圖所示：是5分鐘線。K棒跌破多空線後，且做出三線合一向下，指數自7588跌到7205反彈到7280才站上多空線。

圖中①所標示的是K棒跌破多空線且做出三線合一向下是賣點。只要指數未重回多空線之上都是空頭掌控。直到重新站上多空線之上，才算是政黨輪替多頭掌控。

圖中②所標示的是K棒重新站上多空線上指數才由空翻多是買點，直到未來跌破多空線再出場。

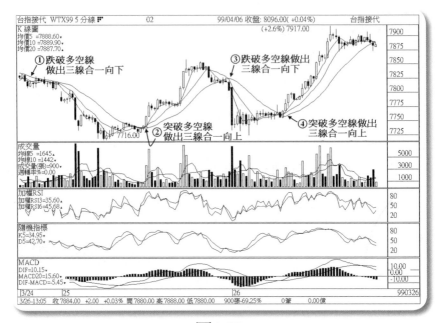

圖4-27

如圖所示：是5分鐘線。很明顯的可以看出多空線交替。
在這張K線圖中可以看出四次的政黨輪替。當跌破多空線
時也同時做出三線合一向下；突破多空線時也同時做出三
線合一向上。

圖中①所標示的是K棒跌破多空線並做出三線合一向下是賣點。

圖中②所標示的是K棒突破多空線並做出三線合一向上是買點。

圖中③所標示的是K棒跌破多空線並做出三線合一向下是賣點。

圖中④所標示的是K棒突破多空線並做出三線合一向上是買點。

4-8 型態的位置

　　型態在線型指標來看是屬於落後指標。因為當您看到型態完成時距離底部或頭部已一段距離。雖然它是落後指標但是如果能配合其他的8個重點一起操作也值得參考。

　　在期貨指數的K線圖中若要看出一個型態最好把日期拉長。換句話說若只看當日的1分線、5分線或10分線、30分線等不容易看出型態。必須把日期延長到3日、5日或8日、10日以上才容易看出型態。

　　前面在六口訣中談到在期貨的分線裡常出現的是雙底或雙頭。也就是W底或M頭或頭肩型態，也就是頭肩底或頭肩頂。讀者可參閱《10倍數操盤法》與《股市三寶》這兩本書就可清楚的了解型態與成交量的關係。

　　型態完成後，可預測它的漲幅或跌幅的滿足區，但是必須與成交量配合得當。例如W底右邊的底部成交量要大於左邊的底部成交量。M頭則相反，右邊的頭部成交量要小於左邊的頭部成交量。如此突破頸線或跌破頸線才有機會完成它的滿足區。

　　無論是操作股票、期貨、選擇權或其他的金融商品，最基本的技術分析應該學會。而筆者所著的《10倍數操盤法》與《股市三寶》是基本功。據我所知全省銷售量已達數萬本，也造就了不少的股票高手。現在所著這本期貨與選擇權的工具書勢必再度掀起搶購熱潮。本人在此先謝謝已經預購的好友更謝謝購買本書的讀者。

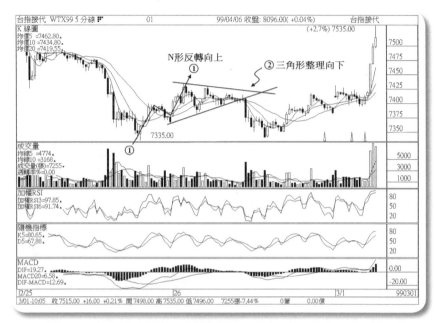

圖4-28

如圖所示：是5分鐘的K線圖。就型態的角度觀察K棒先做
出N形反轉，再做出三角形整理。最後，再做出複合型的
頭肩底。指數突破頸線後完成一個H高度（縱深）的滿足
區點。

圖中①所標示的是N形反轉的型態。

圖中②所標示的是三角形的整理型態跌破後下跌到滿足
　　區。

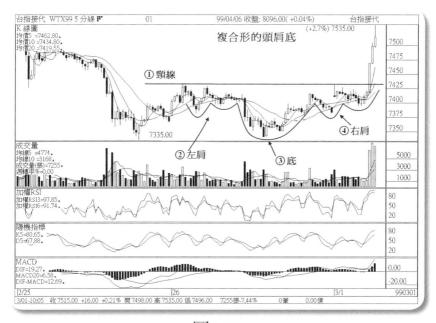

圖4-29

如圖所示：是5分鐘的K線圖。與上一頁的K線圖相同。三
角型整理後再做出複合形的頭肩底型態。突破頸線後完成
一個H高度（縱深）的滿足點。

圖中①所標示的是頸線。

圖中②所標示的是複合形的左肩。

圖中③所標示的是底部。

圖中④所標示的是複合形的右肩。

●當完成複合形的頭肩底後，果然完成一個縱深（從頸線
　到底部的指數）的漲幅。

4-9 捲麻花的位置

9個重點已談完8個，最後一個就是捲麻花。顧名思義如麻花繩一樣，兩條繩子相互交叉相捲在一起。這就是我們所說的橫向整理。

如果您常看盤就會發現在分鐘線（1分、5分、10分、20分等）出現連續急拉之後或連續急漲之後，就會出現一段時間的橫向整理，我們把它稱之為捲麻花。

捲麻花的定義是以20均線做為基準。我們均線設5、10、20三條。若以1分鐘線的K線圖來看，就是20分均線也是先前我們講的多空線或政黨輪替線。若以5分鐘線也是20均線那一條。

若以1分線來看，當K線站上20分均線的多空線後漲幅不高，在短時間內又跌回到20分均線以下，但跌幅不深又回到20分均線之上且指數未創前一波高點。而跌破20分均線也未跌破前一波低點。如此反覆整理我們稱之為捲麻花或箱形整理。

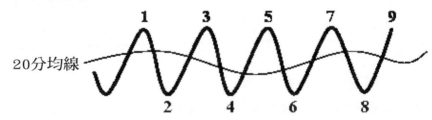

當捲麻花出現時最多整理的波數大約9波有時也會拖到11波或13波等才會脫離橫盤，屆時指數才會向上拉升或向下壓低。至於橫盤的時間則不一定須看整理的波數多寡。

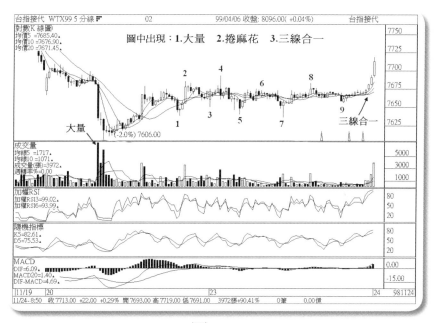

圖4-30

如圖所示：是5分線的K線圖。當K線站上20均線之後開始
橫盤又跌破20日均線，算第一波。在3盤之內又站上20均
線且指數未過前一波高點，算第二波。後來又跌破20均
線，算第三波。如此在20均線線上上下下反覆來回整理我
們稱它為捲麻花。直到第9波才做出三線合一拉長紅，突
破第8波的高點再攻一波。

●捲麻花的波數不一定是9波。重點在於它的突破位置或
　跌破位置因為它是我們要設定的買點或賣點。捲麻花通
　常是7~9波，有時也會看到11~13波。最後大都呈現三線
　合一向上拉一波或向下跌一波。

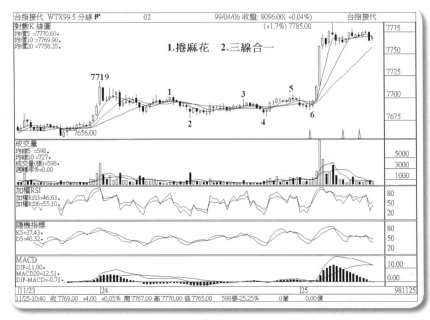

圖4-31

如圖所示：是5分鐘的K線圖。指數在7656做出三線合一後，急速拉升到7719開始拉回整理。您會發現在拉回後跌破20均線之後馬上又站上20均線開始進入捲麻花，在20均線上上下下。指數不過高也不破低如此整理了6波後做出三線合一拉長紅後，又急拉一波。

捲麻花的波數要如何計算呢？如果在漲勢當K棒跌破20均線時開始算起。反之，在跌勢時當K線突破20均線時開始算起。其實起算點不太重要，重要的是突破或跌破的位置才重要。因為那是設定買點與空點的位置。

努力不一定會成功，成功者一定努力過

我們花了很多時間與精力終於把九個重點寫完。執筆到此已是深夜凌晨。在此夜深闌靜、萬籟俱寂的時刻，筆者感觸良深，多少投資人想在股票、期貨、選擇權或其他的金融商品賺一些錢，貼補家用也好、投資理財也罷用心良苦。早上看盤勢，下午看電視，晚上看雜誌，如此的努力到頭來仍然血本無歸財富縮水。其主要的原因是方法不對。筆者常說：「努力不一定會成功，因為方法不對，而成功者一定努力過，因方法正確。」只要找對方法克服心理的障礙貪嗔痴疑慢一定會成功。

一步一腳印，反敗為勝

回想本人在20多年前剛剛踏入股市也是與一般的投資人一樣，想在股市賺一些錢，無奈技不如人幾乎賠掉所有的積蓄。好在筆者有不服輸的個性，開始鑽研技術分析終於找到了成功的方法，一步一腳印的反敗為勝。技術分析雖然不可能百分百準確，但它可以告訴您方向，只要方向對目標就會到。所謂方向就是「趨勢」，所謂趨勢就是「漲、跌、盤」三種。

在本書的下半部是選擇權。操作選擇權的朋友只要能抓到漲、跌、盤的轉折點就可贏在起跑點。

為了讓操作期貨的朋友能多了解九重點的精華。因此多舉幾個範例讓讀者了解，缺口的位置、大量的位置、騙線的位置、三線合一的位置…等。如何在九個重點中出手且手到擒來。

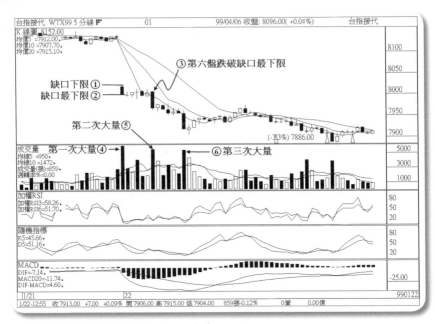

圖4-32

如圖所示：是5分線的K線圖。早上開盤就留下跳空向下的缺口。而缺口下限經過5盤皆未突破。在第6盤長黑跌破缺口最下限後，一路下跌到出現第三次大量才止跌。

圖中①所標示的是缺口的下限。圖中②所標示的是缺口的最下限。

圖中③所標示的是長黑跌破缺口最下限。

圖中④所標示的是第一次大量。大量的位置跌破是賣點再殺一波。

圖中⑤所標示的是第二次大量。大量的位置跌破後再殺一波。

圖中⑥所標示的是第三次大量。通常第三波大量較不易跌破。

●若逢消息面利空早盤跳空下跌或盤中急殺可以等到第三次出現大量再低接。反之，若逢利多消息跳空上漲也是如此。

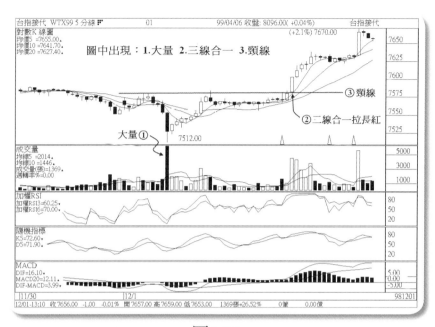

圖4-33

如圖所示：是5分鐘的K線圖。從圖中可看出大量的位置

與三線合一的位置，突破頸線的位置一共有三個買點。

圖中①所標示的是大量的位置。5分鐘的大量是5000~6000

　　　口以上。

圖中②所標示的是三線合一拉長紅突破頸線的位置。

圖中③所標示的是頸線的位置。

●我們說過9個重點在每天的1分或5分鐘線時常會出現3~5個。

　　只要出現的時候，若當時的指數剛好在我們用日線所預

　　測出來的支撐區就可做多。反之，在壓力區就可做空。

　　成功率很高屢試不爽，這一點很重要，切記！

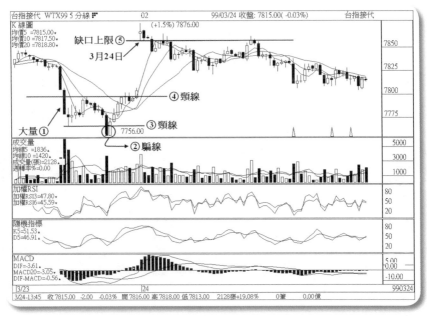

圖4-34

如圖所示：是5分線的K線圖。完成W底後突破頸線跳空
上漲。W底的右邊底部呈現騙線。隔天99年3月24日跳空
上漲，可惜缺口上限第4盤就跌破是賣點。跳空上漲50點
以上算大缺口，若壓回填補會先補缺口的一半，等反彈不
過缺口上限再跌。

圖中①所標示的是大量的位置。大量出現若跌幅不深容易伴隨騙線。

圖中②所標示的是騙線位置，若重回圖中③頸線可做多是買點。

圖中③所標示的是頸線的騙線買點。

圖中④所標示的是W底的頸線。

圖中⑤所標示的是缺口的上限，3~5盤就跌破是空點。

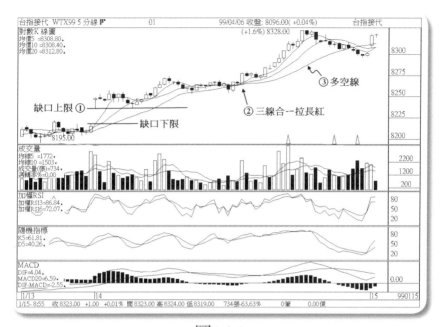

圖4-35

如圖所示：是5分線。早上開盤留下一個跳空上漲的缺口。此缺口的上限3~5盤或8盤不破表示支撐強是買點。在上漲過程中皆未跌破多空線，且做出三線合一拉長紅再攻一波。

圖中①所標示的是缺口上限，超過8盤不破可做多試買。
　　　停損點設在缺口下限。

圖中②所標示的是三線合一拉長紅突破前一波的高點。

圖中③所標示的是多空線。未跌破三盤以下皆屬安全。

●我們所列舉的K線圖常出現的大都是九個重點排名的前5名。因此要特別給它們一個關愛的眼神，適時出手不賺也難。

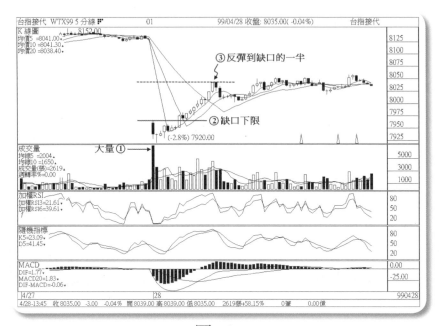

圖4-36

如圖所示：早上一開盤指數就跳空大跌100多點，留下一個大缺口。所謂大缺口的定義是缺口的指數超過50點以上，若是100點已是超級的大缺口。大缺口出現後通常不會一波填補完成，大概先填補一半約二分之一。經過一段時間整理後再試圖填補完封，如圖可看出大量的位置、缺口的位置與反彈一半的位置。

圖中①所標示的是大量的位置。3~5盤不破此大量K棒的低點開始反彈。

圖中②所標示的是缺口下限。當指數站上此位置開始轉好是買點可短多。

圖中③所標示的是反彈一半的位置。之後開始進入整理捲麻花。

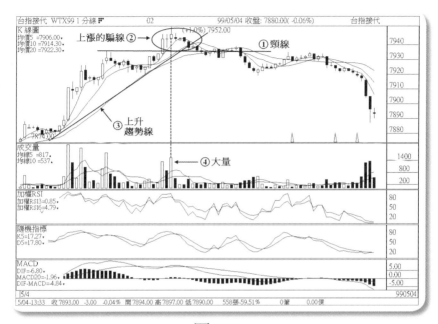

圖4-37

如圖所示：在九重點中出現了①頸線②騙線③上升趨勢線
④大量等4個重點。

圖中①所標示的是頸線的位置。

圖中②所標示的是上漲趨勢指數創新高拉回跌破前一波的
　　　高點有騙線之疑。

圖中③所標示的是上升趨勢線。

圖中④所標示的是大量的位置，被跌破開始下跌。

●當指數跌破圖中④大量的位置（K棒）低點已有轉弱現
　象，再跌破頸線產生高檔騙線是賣點，果然一路下跌。

●大量之後宜注意是否騙線。

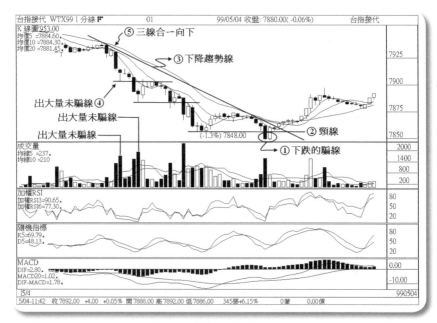

圖4-38

如圖所示：也出現了騙線、頸線、下降趨勢線、大量的位置、三線合一的位置。九個重點出現了5個，其實還有雙底的位置。

圖中①所標示的是騙線的位置。

圖中②所標示的是頸線的騙線位置。

圖中③所標示的是下降趨勢線的位置被突破開始上漲。

圖中④所標示的是大量的位置但未出現騙線因此不是買點。

圖中⑤所標示的是三線合一向下的位置。

●注意大量出現後，是否產生騙線。無論上漲趨勢或是下跌趨勢出大量都要注意是否產生騙線。圖中所示在下跌中出現二次大量皆未出現騙線。在第三次與第四次才產生騙線。

4-10 成交量與未平倉量

成交量（Volume）與未平倉量（OI）的定義／

成交量（口數）Volume　　　簡稱V

未平倉量 Open Interest　　　簡稱OI

成交量V＝代表已成交的倉位

未平倉量＝成交後尚未平倉（了結）的倉位

成交量（V）與未平倉量（OI）的計數

（V），（OI）總數＝多方的總數＝空方的總數

　　我們知道（OI）未平倉量可能多於當日的成交量（V）也可能少於當日的成交量。如此由成交量（V）與未平倉量（OI）和價格（指數）三者的漲、跌、增減對後市有一定成份的影響。

　　因此操作期貨指數的朋友務必將此三角關係釐清。在下一頁我們會列出一個表格說明三者（價格、成交量、未平倉量）對後市的影響，如此投資人就可提高研判後市行情的精準度。

成交量與未平倉量對後市的研判方法／

　　期貨指數的漲跌與成交量和未平倉量有密切的關係。雖然不是百分百確定，不過仍有參考的價值。因此筆者把期貨的價格（指數）、成交量（口數）、未平倉量（口數）此三種關係對後市的影響做出表列。讀者在分析盤勢時可搭配參考。

價格	成交量	未平倉量	市場內部變化	研判後市	應對
上升	增加	增加	多頭買進做多意願強烈	後市看漲	加多
上升	增加	減少	空頭回補	趨勢可能改變	觀望
上升	減少	減少	空頭回補買盤縮手	盤整趨跌	試空
下跌	增加	增加	空頭賣出做空意願強烈	後市看跌	加空
下跌	增加	減少	多頭了結	趨勢可能改變	觀望
下跌	減少	減少	多頭了結空頭力道減緩	盤整趨漲	試多

第五章
期指的領先指標

重點提示

◆ 價乖離

◆ 軌道線的上下沿

◆ 相對強弱指標RSI、乖離、臨界值

◆ 技術指標RSI、KD、MACD的背離

期貨指數的領先指標／

我們把三原則、六口訣、九重點鉅細靡遺的分享給本書的讀者。緊接著這個章節要談一談期指的領先指標。所謂領先指標就是它享有優先權，就好比十字路口紅燈亮的時候車輛行人皆不能通過。但是救護車、消防車，甚至執行公務的警察車可以通過因為他們享有優先權。

既然享有優先權就不會時常出現。在十字路口救護車、消防車偶爾才會出現，不像汽機車時常出現。換言之領先指標不會像六口訣、九重點時常出現在每天的盤勢中。但是只要一出現我們出手去做，成功率高達8~9成以上。因此我們才把它稱為領先指標。

我們說過在技術分析的K線圖我們把它分成線型指標與技術指標。其中線型指標我們找了兩個，技術指標也找了兩個。

線型指標的領先指標：

一、價乖離

二、軌道線上下沿

技術指標的領先指標：

一、RSI乖離臨界值

二、RSI、KD、MACD的背離

●線型領先指標與技術領先指標若同時出現則成功率高達9成以上。

●若線型領先指標或技術領先指標單方面出現則成功率約8成以上。

●領先指標是以日線為準，分線成功率較低。

　　上過我們期貨技術班的學員都知道領先指標的精準度。所謂領先指標顧名思義就是捷足先登，提前卡位。換言之當領先指標出現時可不必考慮太多，即時出手做多或做空，成功率可達8~9成以上。筆者與很多學員屢試不爽。

　　在本章節中我們會提出四個領先指標：**1.價乖離2.軌道線的上下沿3.RSI乖離臨界值4.技術指標RSI、KD、MACD的背離**等四個領先指標提供給購買本書的讀者作為操作期指的參考。其中價乖離比較容易計算而且精準度高，讀者務必學會。至於軌道線必須學過畫線技巧的投資人才可拿捏畫線的精髓。不過讀者也不必擔心，可參閱筆者所著《10倍數操盤法》書中的詳細說明。

　　在《10倍數操盤法》與《股市三寶》這兩本書中特別對軌道線的畫法有詳細的說明。對操作股票的朋友，軌道線可用來高出低進增加獲利空間。至於技術指標RSI、KD、MACD的背離也請讀者參閱《股市三寶》書中的說明。

　　領先指標非常好用且準確度又高是操作期貨必須參考的依據，尤其是日線準確性大於分線。因此，建議讀者若發現日線出現了上述的四種領先指標時可即時出手獲利可期。

5-1 價乖離

首先我們先談價乖離是如何計算的。價乖離分為正價乖離與負價乖離，而正價乖離是做短空，負價乖離是做短多。

正價乖離的計算方法是當今日的期貨指數大於昨日6日均線的指數達到5%~6%以上，則稱之為正價乖離。此時指數很容易拉回，因此可做短空。拉回有賺就補空，通常會有50~100以上點的價差利潤。

例如昨日的6日均線指數是7000點，則7000 × 1.05 = 7350或7000 × 1.06 = 7420。當今日的指數急漲到7350~7420就可伺機短空，拉回有賺就補。

負價乖離的計算方法剛好與正價乖離相反。當今日的期貨指數小於昨日6日均線的指數達到5%~6%，則稱之為負價乖離。此時指數很容易反彈，因此可做短多，通常會有50~100點以上的價差利潤。

例如昨日的6日均價指數是7000點，則7000 × 0.95 = 6650或7000 × 0.94 = 6580。當今日的指數急跌到6650~6580就可伺機短多，反彈有賺就跑。

當然偶而也會失敗，應善設停損點。

不論是正價乖離或是負價乖離其出現的原因大都是消息面引起的利多或利空。若此利多或利空超大，則價乖離會連續出現1天或2天甚至3天，不過很少連續出現4天以上。我們可以回憶在1999年也就是民國88年9月21日台灣中部發生大地震，當時921大地震死亡人數2000多人，對股市而言堪稱是大利空。結果大盤指數急跌出現連續兩天的負價乖離就開始反彈。

　　美國在2001年9月11日發生恐怖事件自殺飛機摧毀雙子星大廈死亡人數3000多人。台股也受到波及也是出現兩天的負價乖離第三天就反彈。

　　再看2004年3月19日阿扁總統的兩顆子彈，同樣出現負價乖離，仍然是第二天或第三天就反彈。可見價乖離若連續出現二天或三天敢進場的朋友獲利機會很大。

　　利多消息也是如此，如2008年馬英九當選總統，股市開盤後急漲出現正價乖離當日就拉回。敢短空的朋友當日就有50~100點的利潤。

　　2010年春節年假後第一天開紅盤急漲出現正價乖離結果K棒收黑，敢短空的朋友也有50點的利潤。可見價乖離出現時敢進場操作的朋友幾乎有8~9成的成功率，因此筆者才會把它視為領先指標。投資人可持續追蹤價乖離這項指標的準確度。

●無論是大利多或大利空價乖離很少連續出現四天以上，換句話說在第二天或第三天出手成功率非常高幾乎可達9成以上。

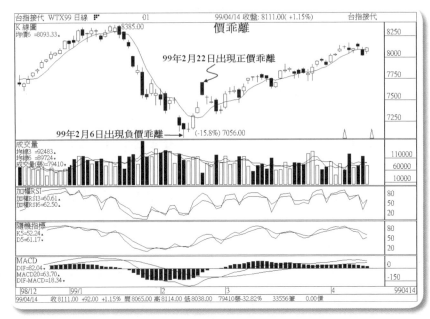

圖5-1

如圖所示：是期指的日線圖，而圖中的移動平均線是6日均線。

99年2月5日的6日均線是7445。下一個交易日2月6日盤中指數最低達7056。出現此6日均線7445的負5%~6%

$$7445 \times 0.95或0.94 = 7072~6998$$

若盤中出現負價乖離進場搶短至少有80點利潤。

99年2月22日新春開紅盤，盤中大漲到7708也是前一個交易日2月10日（封關日）6日均線7292的正5%~6%

$$7292 \times 1.05或1.06 = 7656~7729$$

收盤7417，若盤中出現正價乖離進場做空至少有200點以上的利潤。

說曹操，曹操就到。剛寫完價乖離當日2010年5月7日美股道瓊在盤中急跌900多點收盤重挫348點。聽說是營業員Key in錯誤導致美股大跌。當日（民國99年5月7日）台股期貨早上一開盤也急跌228點出現負價乖離。因為前一天5月6日的6日均線指數是7846。5月7日早上一開盤指數跌到7531出現負價乖離。其計算方法如下：

5月6日的6日均線指數是7846。負價乖離是負5%或負6%以上。

負5% → 7846 × 0.95 = 7453

負6% → 7846 × 0.94 = 7375

　　5月7日台指盤中急跌到7351是5月6日的 6日均線7846的負6.4%出現負價乖離的6%以上。

　　筆者此刻進場低接買在7400，尾盤高出就有100點的利潤。5月7日的台指收盤在7502，盤中高達7547。當日的震盪幅度高達196點。其實在5月6日也出現價乖離，筆者進場操作也有50點的利潤。

　　先前說過價乖離很少連續三天以上。5月6日、5月7日，連續兩天出現負價乖離。5月8日是周六、5月9日是周日母親節休市。第三天5月10日就不再續跌且反彈了135點。可看下一頁的K線圖。

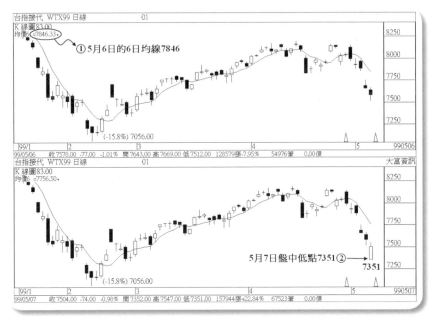

圖5-2

如圖所示：2010年5月6日（99年5月6日）當時6日均線是7846。5月7日因美股盤中大跌近1000點收盤跌348點。

　　如下圖台股5月7日早盤反應美股大跌台股重挫228點，盤中最低7351。出現負價乖離6.4％。筆者進場時低接，收盤指數7504。至少100點以上的利潤。

　　操作價乖離不可能百分百成功，但至少有8~9成以上的成功率。如果連續出現負價乖離會往下操作；連續出現正價乖離會往上操作則會有9成以上的成功率。

圖中①所標示的是5月6日的6日均線7846。

圖中②所標示的是5月7日盤中低點7351，收盤7504。K棒收長紅。

5-2 軌道線的上沿與下沿

軌道線也算是一種領先指標。讀者若不知道如何畫軌道線可參考筆者所著《10倍數操盤法》書中特別說明軌道的規劃。其中有三種畫軌道線的方法。第一種是ABC三點式的畫法。第二種是夾心餅乾的畫法。第三種是股價X線的畫法。其中第二種畫法使用較頻繁，也是常用的畫法。

軌道線分成上升軌道與下降軌道。上升軌道的上沿就是領先指標的空點。下降軌道的下沿就是領先指標的買點。

如圖（5-3）所示就是軌道線的畫法。這是用夾心餅乾畫出來的，您可以清楚看出下降軌道與上升軌道。在下降軌道中，只要指數觸及軌道下沿做短多，待指數反彈上來再出就可獲利。反彈到軌道上沿做短空，壓回伺機回補也可獲利。

上升軌道也是如此操作。在上升軌道的下沿做多，上沿做空，獲利可期。筆者在《10倍數操盤法》書中建議投資人如果學會畫軌道圖形可利用它做高出低進可提高獲利的空間。

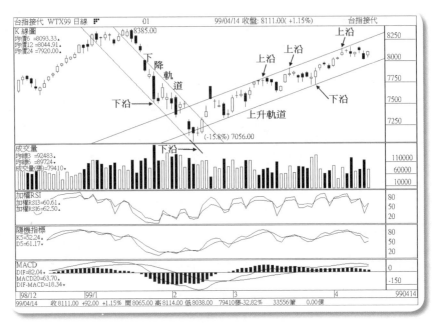

圖5-3

如圖所示：是軌道圖形。當軌道圖形畫好後，可利用其下
降軌道圖形的下沿搶短多反彈有賺就跑。上沿短空壓回，
有賺就跑。若突破上沿再停損。

上升軌道圖形則是下沿短多反彈有賺就跑。上沿短空壓回
有賺就跑，若突破上沿再停損即可。

5-3 相對強弱指標3日RSI與6日RSI乖離臨界值

在期貨班的課程中我們也分享強弱指標RSI的乖離。
5-1節所談的價乖離是屬於線型指標，而RSI的乖離是屬於
技術指標。它可分為RSI的正乖離與RSI的負乖離，是以日
線3日與6日RSI為參考值，也適用於周線和月線。至於分
線亦可參考但準確率較低。

RSI的正乖離（以期指日線加權RSI為準）

當3日RSI的數值大於6日RSI超過20以上，稱為正乖
離。若達到正22~25以上可視為臨界值，則指數在1~3天內
勢必拉回。此時可短空，拉回補空短線操作成功率可達
8~9成。

RSI的負乖離（以期指日線加權RSI為準）

當3日RSI的數值小於6日RSI超過20以上，稱為負乖
離。若達到負22~25以上可是為臨界值，則指數在1~3天內
勢必反彈。此時可短多，反彈再出短線操作成功率可達
8~9成。

RSI的乖離臨界值不會時常出現，但是只要出現出手
操作成功率皆很高。

例如下一頁圖（5-4）的期指K線圖可看出

一、99年2月22日盤中出現正乖離25以上，此時可短空。
　　當日K棒收盤長黑，4個交易日內下跌7708 – 7335 =
　　373點。

二、99年3月15日出現負乖離25，此時可短多。3個交易日
　　上漲7922 – 7631 = 291點。

三、5月13日與6月17日盤中RSI皆出現20以上的正乖離，
　　未來幾個交易日也都下跌。

圖5-4

如圖所示：期貨指數的3日RSI與6日RSI乖離（開口太大）達到正的臨界值，就出現反轉向下。達到負的臨界值就出現反轉向上。

圖中①所標示的是2月22日RSI出現正乖離25以上，經過4個交易日指數下跌7708 – 7335 = 373點。

圖中②所標示的是3月15日RSI出現負乖離25經過3個交易日指數上漲7922 – 7631 = 291點。

圖中③所標示的是5月13日RSI出現正乖離20隔天就未創新高。後來指數自7777就一路下跌。

圖中④所標示的是6月17日RSI出現正乖離20隔天盤中下跌200多點收盤下跌171點。

5-4 技術指標RSI、KD、MACD的背離

RSI：加權RSI相對強弱指標
KD：隨機指標
MACD：平滑異同移動平均線

　　RSI、KD、MACD是屬於技術指標。此三種技術指標的買賣點，在筆者的著作《股市三寶》中寫的很詳細。讀者可參閱書中的說明。

　　RSI與KD有三種買賣點：1.交叉2.乖離3.背離。若操作期貨指標的朋友可利用乖離與背離作為買賣點，以日線的準確度較高。其中背離的成功率最高，因此我們把它當成領先指標。

低檔背離（做多）：當指數創新低而RSI或KD未創新低是買點。

高檔背離（做空）：當指數創新高而RSI或KD未創新高是賣點。

　　MACD的背離則看柱狀體。當指數創新低而柱狀體未創新低是買點。反之，當指數創新高而柱狀體未創新高是賣點。

　　可參閱下一頁圖（5-5）的K線圖，RSI在低檔區做出二次背離，在高檔區做出三次背離。

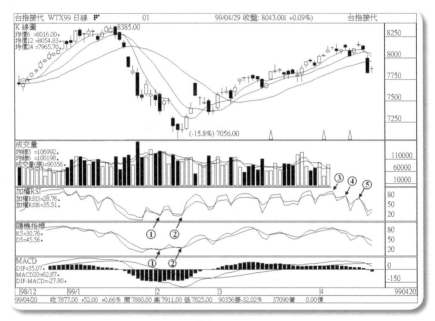

圖5-5

如圖所示：RSI、KD在指數下跌中出現第一次背離，隔天
即反彈K棒收紅。如箭頭所指方向RSI、KD出現第二次背
離，隔天也反彈收紅。相反的指數在上漲中，RSI在高檔
出現第一次背離，隔天K棒收黑。出現第二次背離隔天K
棒也是收黑。出現第三次背離隔二天終於收一根大長黑。
圖中①與②所標示的是RSI、KD在低檔區第一次與第二次背離。
圖中③,④,⑤所標示的是RSI在高檔區一次、二次、三次背離。

●領先指標是以日線、K線圖為設計標準，周線、月線也
　可適用，但分線的準確度較低須配合六口訣、九重點才
　會提高成功率。

領先指標同時出現成功率最高

我們分享了四個領先指標：**1.價乖離2.軌道線的上下沿3.RSI乖離臨界值4.技術指標RSI、KD、MACD的背離。**

在操作上只要出現一個領先指標就可進場操作。若以成功率來排名，那麼價乖離成功率最高，其次是軌道線，再來是技術指標的背離與乖離臨界值。

一般投資人軌道線比較不會畫，這要一段時間的練習畫線才會畫的精準。不過至少可用算的算出價乖離的指數，也可用看的看出RSI、KD、MACD的背離或RSI的乖離。

同一天出現兩個或三個領先指標成功率最高

四個領先指標若在同一天出現其中二個或三個以上，此時出手操作期貨指數成功率最高，當然選擇權也適用。如99年5月21日美股重挫376點的利空下，台股早盤開出也重挫252點。出現負價乖離，而且RSI出現背離。99年5月21日當天同時出現二個領先指標，可參閱圖（5-6）。

一、負價乖離：其位置是7195（負5%）7119（負6%）盤中最低在7112。

二、RSI背離：5月7日，3日RSI（2.6）。5月21日指數創新低但3日RSI（6.7）未創新低，出現背離。

若在5月22日出手操作期指盤中至少有100點以上的利潤。隔天指數仍然續漲，可多參閱下一頁的K線圖。

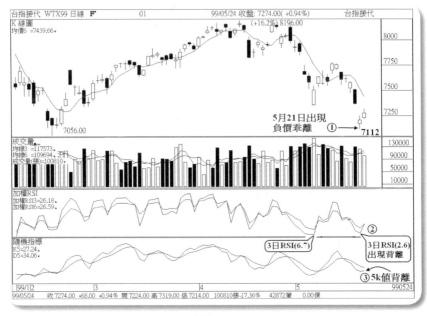

圖5-6

如圖所示：5月21日當天出現負價乖離，同時3日RSI出現
背離，KD指標的5日K值也背離。

5月21日當天同時出現兩個領先指標：1.負價乖離2.技術指
標RSI、KD背離。因此開低走高收紅K棒，隔天仍然續
漲。

圖中①所標示的是5月21日盤中低點7112出現負價乖離。

圖中②所標示的是技術指標RSI出現背離。

圖中③所標示的是技術指標KD出現背離。

第六章

不按牌理出牌的小撇步

重點提示

◆ K棒的高對高與低對低

◆ 重點中的重點

◆ 做錯怎麼辦？

6-1 K棒的高對高與低對低

　　講完領先指標之後，筆者再分享一種撇步。就是兩根K棒的高點對高點畫一條下降趨勢線，或低點對低點畫一條上升趨勢線。然後預測出隔天的趨勢線指數位置。

　　明日開盤後看看指數開在此趨勢線之上或之下，再決定當日做多或做空較有勝算。

　　當兩根K棒呈現下跌走勢而且很陡峭。所謂陡峭代表畫出來的下降趨勢線其角度超過60~70度以上。上升趨勢線也是如此。

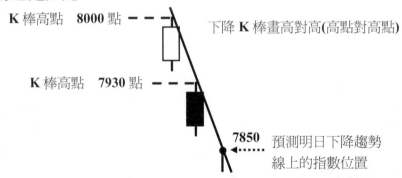

K棒高點　8000 點　　下降 K 棒畫高對高(高點對高點)

K 棒高點　7930 點

7850　預測明日下降趨勢
線上的指數位置

操作方法：一、若明日開盤指數開在線下（低於7850）則代表弱勢盤指數仍會續跌，反彈到7850仍是空點。若突破7850再停損空單反手做多。

　　　　　二、若明日開盤指數開在線上（高於7850）之上則當日盤勢較強可利用拉回在7850是買點可短多。若跌破7850停損多單反手做空。

兩根K棒也可畫趨勢線

　　上一頁是下降K棒畫高對高（高點對高點）畫下降趨勢線。現在我們畫低對低（低點對低點）的上升趨勢線，越陡峭成功率越高。

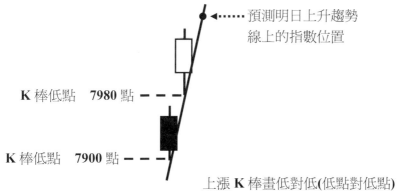

預測明日上升趨勢線上的指數位置

K棒低點　7980點

K棒低點　7900點

上漲 K 棒畫低對低(低點對低點)

操作方法：一、若明日開盤指數在線上（高於8050）則代表強勢盤指數仍會續漲拉回在8050，仍是買點可做多。跌破8050停損多單反手做空。

　　　　　二、若明日開盤指數開在線下（低於8050）代表弱勢盤利用反彈在趨勢線的位置8050是賣點可短空。若突破8050再停損空單反手做多。

●兩根K棒的低對低與高對高的撇步僅適用於日K棒以上。若小時線、分鐘線不宜使用。且短線操作當日有賺就跑，善設停損，切記！

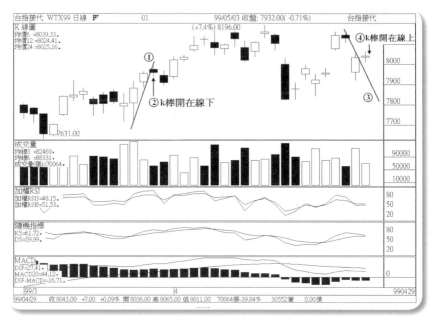

圖6-1

如圖所示：是日線圖。

圖中①所標示的是兩根K棒低點對低點（低對低）所連成
　　　的上升趨勢線，而且角度很陡峭。

圖中②所標示的是隔天指數開在上升趨勢線的「線下」。
　　　因此可短空當日K棒收黑。

圖中③所標示的是兩根K棒高點對高點（高對高）所連成
　　　的下降趨勢線而且角度很陡峭。

圖中④所標示的是隔天指數開在下降趨勢線的「線上」。
　　　因此可短多當日K棒收紅。

6-2 重點中的重點

　　雖然講完了三原則、六口訣、九重點與領先指標，筆者還是忍不住要將九個重點中的重點，再次提醒各位朋友加深你們的印象。甚至能輸入到您的潛意識，讓您能在分線圖中一看到重點中的重點就能找到出手點。

　　九重點中的重點就是排名前四名的**缺口、大量、騙線與三線合一**。

一、缺口的位置

1.跳空的大缺口不易一次填補可能只先填補一半。因此填補一半的位置先出一趟。

2.缺口的上限或下限在短時間內3~5盤被跌破或被突破其趨勢較明顯，可適時出手。

3.缺口填補後，注意後勢的走向再決定做多或做空。

二、大量的位置

1.超級大量出現後，不易跌破尤其是在日線所預測的支撐區，是買點。反之，若壓力區則不易突破，是賣點。

2.大量出現後短時間內（3~5盤）被跌破或突破則會出現第二次或第三次大量通常出現三次大量後出手的成功率最高。

3.超級大量與大量的口數應隨著總成交口數增加而增加。

三、騙線的位置

1. 騙線總是在大量之後。因此大量或超級大量出現後，須畫頸線追蹤指數是否重回頸線之上。

2. 在下跌趨勢連續出現三次大量後的騙線且又是日線預測的支撐區是買點。

3. 在上升趨勢連續出現三次大量後的騙線且又是日線預測的壓力區是賣點。

四、三線合一的位置

1. 三線合一向上必須突破前一波的高點才會上漲一波。但是如果三線合一向上的指數位置剛好在日線的壓力區，則不一定會漲。

2. 三線合一向下必須跌破前一波的低點才會下跌一波。但是如果三線合一向下的指數位置剛好在日線的支撐區，則不一定會跌。

3. 三線合一之後若不上漲一波或下跌一波，則可能出現箱型整理或捲麻花。

不要為了操作金融商品而徒增煩惱

　　筆者看過很多投資人因為操作金融商品不當導致傾家蕩產、身心俱疲，非常划不來。主要原因是擴大信用以融資操作，一但行情反轉又無停損觀念導致虧損。不然就是心無定見，對於行情的看法忽多忽空，心中沒有一把尺導致做錯方向造成虧損。

　　由於期貨、選擇權的風險大於股票，因此才出書分享實際操作的經驗，也以過來人的親身經驗建議投資人務必要學會基本的技術分析，再加上基本面、消息面的研判才可立於不敗之地。講到這裡不得不再向投資朋友介紹《10倍數操盤法》與《股市三寶》這兩本書。它是集結了筆者20年以上的實戰經驗一點一滴所累積的心得分享，是很好的工具書值得珍藏。

　　很多投資人自從開始投入股市或期權市場之後，生活步調受到很大的影響。因為初學者失敗率高，買了就跌、賣了就漲，徒生煩惱且外在的利多、利空消息雜陳，又不會解讀消息面所衍生的後續發展。不是搶買就是搶賣，往往買在最高點，賣在最低點，天天做後悔的事。若長期處在這種生活環境不生病也難。

　　股市或期權市場每一個人都可以做，但不一定每一個人都會成功。成功一定有方法，學習成功的方法才是邁向成功的捷徑。靠自己摸索費時又費錢且不一定會成功，再回頭已百年身。

操作期指常犯的毛病，顧此失彼猶豫不決

　　筆者曾經舉辦過現場看盤實戰班以印證我們課堂上所分享的三原則、六口訣、九重點。發現投資人最常犯的是顧此失彼、猶豫不決。筆者從三個方面來剖析。

一、**過動兒**：情緒過於激動易受盤面的影響做出錯誤買賣決定，事後再後悔。貪婪恐懼是人之常情，但我們必須了解期指受主力控盤的人為因素非常高。不要輕易受到盤面的誘惑，每次出手時皆要冷靜思考該快則快該慢則慢。謀定而後動，我們預測的壓力或支撐未到之前該忍則忍，不要事前衝動事後後悔。

二、**三心兩意**：線型指標與技術指標不知如何搭配或猶豫不決。看到線型指標出現買點又懷疑技術指標RSI、KD在高檔；看到技術指標在低檔又懷疑線型指標再續跌。如何拿捏不知所措導致錯失買賣時機。我們建議以線型指標為主技術指標為輔。兩者同步落底再伺機做多。反之，同步達到高點再做空。

三、**顧前不顧後**：緊盯1分線、5分線、10分線，忘了日線的壓力區與支撐區。我們三原則的第一原則就是用日線預測明日的壓力區與支撐區。其目的是提醒看1分線或5分線的朋友不要忽略了日線的威力。我們時常遇到很多騙線都是極短線的分線漲到日線的壓力區或跌到日線的支撐區之後轉折向下或轉折向上。也就是先前所講螳螂捕蟬，麻雀在後。麻雀也忽略了後面還有一位弓手。

6-3 做錯怎麼辦

當我們操作期貨時不可能百分百成功。人非聖賢孰能無過，知過能改善莫大焉。孔子的學生顏回對自己要求不二過，就是已經犯的過錯不要再犯，操作期貨也是如此。萬一犯錯操作失敗，如何處理？我們認為有三種解決方法。

一、停損退出

停損退出主要是讓虧損不要擴大，在停損的當下內心的痛無人能知。我們在《10倍數操盤法》一書中，開宗明義的指出操作股票的朋友要堅守股市10字真言「敢買、肯賣、不怕錯、只怕拖」拖的越久虧損就越大。操作期貨更應該如此，記取本次的失敗的經驗，做為下次成功的借鏡。

二、反向操作

當停損退出後若方向不明只好觀望。反之，若大盤趨勢方向已看清楚就可反向操作。例如原先做多停損後反手做空；或原先做空停損後反手做多。如此可彌補做錯的虧損甚至反敗為勝。

三、鎖單操作

在多空不明看不出方向時，若手中多單怕停損後指數再漲上去，如此可先做一口空單鎖住。在同一個帳戶可用一口大台與四口小台互鎖。等到方向明確後，再放棄一方。鎖單的目的是讓虧損控制在一定範圍。最後，還是要捨棄賠的一方，保留賺的一方。

守紀律　細貳無蝕本（台語）

相信不少讀者看了本書之後，會誤以為筆者是期貨的頂尖高手。其實不然，筆者也是芸芸眾生中的泛泛之輩，只不過比較守紀律而已，盡量把成功率提高到7~9成。台灣開放期貨指數後，筆者用操作股票的習性操作期貨發現成功率只達5~6成。股票是可以投資坐領配股配息，而期指只能避險投機，因此不能久抱。最後才調整策略把成功率提高。

在《股市三寶》一書中筆者提出操作股票成功者的三大準則

一、學會判定漲、跌、盤的轉折點

二、學會自行選股、換股、設價

三、學會守紀律執行停利、停損

●其中最重要的就是第三項。投資人應切記，切記！

在《期權賺很大》這本書中筆者提出操作期指成功者的三大準則

一、學會判定漲、跌、盤的轉折點並順勢操作

二、學會三原則、六口訣、九重點的切入時機

三、學會守紀律執行停利、停損

●其中最重要的也是第三項，投資人應切記，切記！

學會操作期貨再回頭操作股票更簡單

　　我們有很多學員學會操作期貨指數之後，再回頭操作股票就會覺得很簡單。相信讀者將來學會操作期指也必有同感。尤其是習慣於短線操作或當沖股票的朋友。因為它可從股票的5分線輕鬆的找到好買點或空點。

　　操作期指的朋友都是看1分線、5分線或10分線。因為已經看習慣了極短線的分線K線圖，再回頭看股票的5分線K線圖就很簡單。因為股票5分鐘的K線圖跳動不像期指那麼快，期指常出現「秒殺」或「秒拉」讓人看了心驚肉跳。若心臟不夠強建議做股票期貨，不要做指數期貨。不過目前台灣股票期貨在99年元月25日開放，時間不長成交量較小。買賣成交的時間較長流動性低，不好操作。靜待未來成交量擴增後就比較容易操作。

　　我們在下一個章節，就股票期貨的一些相關資訊提供給讀者參考。詳細的遊戲規則也可參加各大券商所舉辦的說明會。原則上投資人必須把較熟悉的股票股性抓準。如此才可賺到股票期貨的錢，如台積電、鴻海、華碩、台塑、南亞、台化、國泰金、富邦金…等共34檔。大都是台灣50的成份股。後面我們談到股票期貨時，會做個表格列出此34檔的各股給讀者參考。

　　台指期貨的精華我們已經講完期盼購買本書的讀者閱讀之後皆能功力大增，「期」開得勝。操作期指學會三原則、六口訣、九重點之後，其他的時間大都在現場看1分、5分、15分、30分、60分鐘，尤其是1分與5分線要看得熟練。我們之所以列出許多範例主要是讓您能記住分鐘線、K線圖的變化。看多了自然就有能力找到當下的買賣點。

　　西遊記的主角孫悟空雖有72變但始終逃不出如來佛的手掌心。若各位讀者大人能熟記分鐘線的九種變化就能簡單的在當下決定買點或賣點的位置。一天要賺30~50點並非難事。

　　國內有不少圍棋高手，他們也是要背棋譜，只要背的夠多，贏的機會就越大。因此想在期貨市場中成功致富務必要多看分線的K線圖。如缺口怎麼看？大量怎麼看？騙線怎麼看？三線合一怎麼看？政黨輪替線怎麼看？捲麻花怎麼看？最多也不過九種變化。讀者若想在期貨市場賺大錢、大賺錢、錢賺大，那麼九重點非學不可。

　　期貨指數我們就談到這裡，下一個章節我們就把99年元月25日台灣期貨交易所新開放的「股票期貨」它的遊戲規則略作說明。將來各為投資人若覺得指數期貨不好做，可考慮操作股票期貨。

Take a Break
閱讀休息站

喝杯茶水
品嚐一下

學員的感性分享

做對趨勢就有「勢」無恐

看著那麼吸引人又令人羨慕的書名《從20萬到10億》，不得不讓人把此書從書架上拿出來翻閱一下，希望能藉由此書打開財富的大門。畢竟所有在股票市場追逐財富的投資大眾，不論你投入股市的動機為何－是真想成為億萬富豪或只想能貼補家用，哪一個不是身心嚮往那擁有「經濟自由」的美好。有「經濟自由」才算是真正擁有「身心自由」，不是嗎？因為你再也不需要每天一大早匆匆忙忙出門為了五斗米折腰；或者是老闆拍桌叫罵時，趕快自我勉勵一下「吃得苦中苦，方為人上人」，安慰自己身為小人物的悲哀。甚至哪天你還可以炒老闆魷魚，因為你身上終於有很多的五斗米了。

於是內心燃起對未來的種種美景，發出「有為者亦如是」的期許。不用多說，當下馬上到櫃檯付錢買下此書，希望早日能到達富足的另一端。然而，當詳讀此書，決定依據此書好好照表操課時，卻發現困難重重、荊棘滿佈。因為書中大部分提到的是作者對股市操作心得，而不是一本有步驟、有方法可按圖索驥的工具書。

然而最令人感到困惑的是，到底「趨勢」是什麼？作者不斷地強調要「尊重趨勢」、要「順勢而為」，並且大剌剌地告訴大家「市場就是我的老師」。可是，卻沒有清楚告訴我們到底「趨勢」是什麼？從頭到尾把書翻遍了，

不見有任何隻字片語來解釋「趨勢」為何物，對於剛踏入技術操作的我，真是叫人氣憤又無奈！

　　或許有些對股市操作頗具慧根的人，可以聯想到所謂的「趨勢」，說穿了不過是市場的「多空方向」而已。但是，如何判斷市場的「方向」，卻又是另一個叫人百思不得其解的問題，至少它對我個人是如此。於是內心的疑惑逐漸擴大，慢慢地，它影響到你的操作與信心。而股票的買賣也越來越像在等樂透彩開獎一樣，漲了算是運氣好，跌了可能是手氣背；操作毫無章法與依據。不禁懷疑，10億可能會不會是個笑話？

　　然而，在一次偶然的機會參加陳霖老師的演講會並且也買了《10倍數操盤法》與《股市三寶》。可能是「有買有保庇」的心理作祟，而且我也不是個孜孜研究的好學生，而那兩本書也在我聽完演講會，拆開包裝後被我丟在床頭，成了我一堆床頭書的一份子罷了。就在期貨慘賠讓人失眠的夜晚，我隨手拿起「股市三寶」翻翻，突然有兩個斗大的字「趨勢」映入我的眼簾，趕緊翻閱找到第八十二頁

　　狼吞虎嚥地讀了三次。天啊，這不就是我多年疑惑的解答良藥嗎？於是那天晚上情緒激動地把「股市三寶」從頭到尾徹徹底底讀完，當翻到最後一頁時，天也快亮了。可是內心是充滿富足與喜悅，因為我終於知道「趨勢」到底是什麼；並且更棒的是 － 重新對技術操作有了更新的

認識與更深一層的體會。

如今，參加陳霖老師的課程也快兩年多了，每次上課總有新的領悟與體會。我想我和許多人一樣把陳霖老師這兩本書擺在案頭，作為技術分析與操作的工具書。只要一對技術操作產生疑惑，不論是量價關係或是均線的鴨嘴型態，便拿起這兩本書翻閱一下，每次總能得到滿意的的解答。或許在股市贏得億萬財富，需要有運更要有命；但是，藉由紀律的操作與堅持，追求免於匱乏的自由與擺脫貧窮的恐懼，應是指日可待。既然如此，為什麼不讓陳霖老師的《10倍數操盤法》與《股市三寶》當作你迎向股海的兩張大帆，帶你航向財富的另一岸？

屏東 漲無忌 與 跌不怕

參加股票、期貨、選擇權的課程，讓我茅塞頓開豁然開朗

時事變遷、日新月異，世界萬物千變萬化且日日提升。尤其在這年代須追隨著時代潮流不斷求新求變，若跟不上腳步則被淘汰，也無法追求高品質的生活。

以前的人只懂得存錢來累積財富，現代的人運用小錢變大錢來增加財富。投資理財已成為現代人生活中不可或缺的一環，但全球金融市場波詭雲譎，稍微風吹草動就會影響全球股匯市，故我們必須潛心修練，不斷充實自我，吸收多方面資訊，才能防微杜漸。

小葉子我自九十年退休後，為了精進充實自我，重修外語、氣功及參與股市買賣來增廣見聞。經多年來努力外語能力略上一層，無相氣功也略有心得，但對於投資股票總感力不從心，古諺有云：「工欲善其事，必先利其器。」，有幸參加陳老師股票、期貨、選擇權的課程，讓我茅塞頓開豁然開朗，由於陳老師以深入淺出方式解說、耳提面命且不厭其煩的說明，方知線圖會說話，技術會告知，量價關係會顯示，在良師的指導下才能反敗為勝。

金融商品多元多樣化，在陳老師巨細靡遺諄諄引導，認識了期貨及選擇權，令人感到柳暗花明。由陳老師講解期貨的優點是不必選股，只要觀察大盤趨勢，選擇權的優點更多，可分技術操作及策略操作，什麼是買權（可以買可以賣）、賣權（可以買可以賣）、價平、價內、價外、勒式、跨式，讓人腦力激盪。最終希望各為投資人快追隨陳老師穩健踏實的腳步，一起走上致富大道，創造股票「贏的」方程式！

台中小葉子

我對股市解碼高手陳霖老師的認識

相信很多人都喜歡看尋寶電影，像印第安那瓊斯劇中的人物，憑著一張尋寶圖，不斷地在圖像或數字中尋求解碼，尋找財富的答案，希望能找到財富的源頭。有趣的是：在股市的投資市場中，大家都知道財富在哪裡，但是竟然不到3％的人賺到錢。關鍵密碼到底在哪裡呢？市場上出現了許許多多號稱「解碼高手」的股市名嘴，在各大電視台、收音機，不斷地試圖告訴你：他是賺錢高手，讓你在他的指引下賺大錢；祇要你加入他的會員，就是贏家。結果股市贏家真的是你嗎？當然不是你，而是這些名嘴，他們不斷地賺你的會員費、上課費、股票軟體費，結果最核心的解碼秘密完全沒有教你，讓你終身殘廢，一輩子依賴他。「一輩子財富密碼都在別人手上」，這就是目前台灣許多投資人可憐可悲的寫照，也是我過去在投資市場所經歷過的心路歷程。

三年前在朋友的介紹下，懷著半信半疑（因為被騙怕了）的心情，參加了陳霖老師的課程。原來不相信這麼便宜的課程可以幫助我真正找到股市投資市場的秘訣，結果卻大大出乎我的意料，真正遇到了願意教學生如何解碼數字及圖像秘密的好老師。

陳霖老師夫婦是我在投資市場中，非常少見，完全沒有耍嘴皮、賣弄玄虛、誇大不實的老師。課程當中，最讓

我感動的是：一位七十多歲的阿嬤在課堂上問一些無厘頭的問題，老師都很有愛心和耐心，不厭其煩的教導，希望每一位投資者都能夠學到會。陳霖老師的書更是字字珠璣，倘若你肯耐心的研讀五遍十遍以上，再配合老師課程的指導，便能讓你在股票、期貨和選擇權市場上，不再對K線、均線、RSI、KD、MACD、成交量陌生和恐懼。尤其是老師的一些口訣：如股市三寶、45度線，更是讓我們很容易把市場操作的主控權拿回來。因為你知道每一天、每一週的支撐壓力在哪裡。包括期貨如何當沖的三原則、六口訣、九重點都是我們每天從市場獲寶的財源。

很高興陳霖老師本著不藏私的初衷，又要寫第三本書，繼續和大家分享他的經驗。非常期待這第三本股市尋寶工具書的出版，我迫不及待跟大家推薦。陳霖老師的每一本書，都是值得珍藏與一讀再讀的尋寶書。祇要做好風險管控，懂得停損，加上老師的解密寶典，投資贏家就是你。

台北的Amrita

157

第七章
股票期貨

重點提示

◆ 股票期貨的契約規格
◆ 首批開放的34檔個股期貨
◆ 股票期貨的保證金
◆ 股票期貨的成本優勢
◆ 股票期貨的槓桿倍數
◆ 股票期貨參加除權息可節稅
◆ 期貨的問與答（Q&A）

7-1 股票期貨的契約規格

股票期貨

台灣期貨交易所於民國99年元月25日推出新的金融商品「股票期貨」，提供投資人在現貨、股票期貨與股票選擇權市場有更多的選擇標的和交易策略進而提高獲利規避風險。

股票期貨亦稱個股期貨指買賣雙方約定於未來的特定時間，以交易當時約定的價格交割標的股票的契約。目前期交所提供34檔的股票期貨，皆是上市的普通股，大部分是權值較重的個股，其中電子股12檔、金融股12檔、傳產股10檔。而外資就是利用權值股避險操作。

以避險基金的多空策略是一種追求絕對報酬的考量。例如看多台積電現股和台積電股票期貨進而拉抬股價。當股價漲到某一個價位或壓力區到了，就出台積電的股票期貨獲利。再反手佈台積電的股票期貨空單。且開始將台積電的現貨倒出。賺取期貨與現貨間的損益差價。由於股票期貨的槓桿倍數高於現貨6~7倍。因此雖然現貨賣出略有虧損但股票期貨是賺錢的。

其實投資人也可以複製避險基金的做法如此操作。因為大部分的投資人當股票下跌時皆殺不下手。此時可放空股票期貨以達到避險目的。

　　股票期貨剛開放的初期因為成交口數小因此交易不熱絡。但隨時間的拉長成交口數就會慢慢增加。因為它與指數期貨相比，較具優勢。因為一般散戶操作期指的成功率不高且大都短線操作若非期指高手不易獲利。而股票期貨可追蹤個股的走勢進行股票期貨的操作。至少不會像指數期貨不敢留倉。

股票期貨相較於指數期貨具備有三大優勢

一、可利用股票期貨與標的股的現貨進行避險、套利的策略。其成功率高於股價與期貨指數的避險、套利。

二、可針對個股或投資組合直接做股票期貨的完全避險，可降低避險的成本。不必擔心個股與投資組合與指數的相關性不足。因此利用股票期貨做為個股的避險管道亦可減少指數期貨避險所造成的誤差。

三、股票期貨也有節稅的功能。因股票的現金股利繳交個人綜合所得稅，而投資人可在除息或除權前將看好的股票賣出，同時買進股票期貨進行節稅。因股票期貨沒有現金股利的繳稅問題。

　　下一頁我們先將期交所的股票期貨的契約規格與開放的34檔個股提供給讀者參考但若有修正以期交所公佈的資料為準。

股票期貨的契約規格

項　目	內　　容
交易標的	●於台灣證券交易所上市之普通股股票
中文名稱	●股票期貨
英文代碼	●各標的證券依序以英文代碼表示
交易時間	●本契約之交易日與臺灣證券交易所交易日相同 ●臺灣證券交易所正常營業日上午8：45~下午1：45 ●到期月份契約最後交易日之交易時間為上午8：45~下午1：30
契約單位	●2,000股標的證券（但依規定為契約調整者，不在此限）契約到期交割月份 ●自交易當月起連續二個月份，另加上三月、六月、九月、十二月中三個接續的季月，總共有五個月份的契約在市場交易
每日結算價	●每日結算價原則上採當日收盤前1分鐘內所有交易之成交量加權平均價，若無成交價時，則依本公司「股票期貨契約交易規則」訂定之
每日漲跌幅	●最大漲跌幅限制為前一營業日結算價上下7%（但依規定為契約調整者，另訂定之）
最小升降單位	●價格未滿10元者：0.01元； ●10元至未滿50元者：0.05元； ●50元至未滿100元者：0.1元； ●100元至未滿500元者：0.5元； ●500元至未滿1000元者：1元； ●1000元以上者：5元

股票期貨的契約規格

項目	內容
最後交易日	●最後交易日為各該契約交割月份第三個星期三，其次一營業日為新契約的開始交易日
最後結算日	●最後結算日同最後交易日
最後結算價	●股票期貨契約之最後結算價，以最後結算日證券市場當日交易時間收盤前60分鐘內標的證券之算數平均價訂之 ●前項算數平均價之計算公式，由本公司另訂之
交割方式	●以現金交割，交易人於最後結算日依最後結算價之差額，以淨額進行現金之交付或收受
部位限制	●交易人於任何時間持有同一標的證券期貨契約同一方向未了結部位總和，除本公司另有規定外，不得逾本公司公告之限制標準 ●同一標的證券之股票期貨及股票選擇權未了結部位表彰總股數於任一交易日收盤後逾該標的證券在外流通股15%，除另有規定外，本公司得自次一交易日起限制該股票期貨交易以了結部位為限 ●前項比例低於12%時，本公司得於次一交易日起解除限制
保證金	●期貨商向交易人收取之交易保證金及保證金追繳標準，不得低於本公司公告之原始保證金及維持保證金水準 ●本公司公告之原始保證金及維持保證金，以「臺灣期貨交易所股份有限公司結算保證金收取方式及標準」計算之結算保證金為基準，按本公司訂定之成數計算之

註：以上資料節錄自台灣期貨交易所

7-2 首批開放的34檔個股期貨

目前台灣期貨交易所已開放的**34**檔個股的股票期貨

電子股12檔

股票期貨 英文代碼	標的證券	股票期貨 中文簡稱
CCF	聯華電子股份有限公司	聯電期貨
CDF	台灣積體電路製造股份有限公司	台積電期貨
DJF	華碩電腦股份有限公司	華碩期貨
CGF	仁寶電腦工業股份有限公司	仁寶期貨
DKF	廣達電腦股份有限公司	廣達期貨
CHF	友達光電股份有限公司	友達期貨
DQF	奇美電子股份有限公司	奇美電期貨
CTF	日月光半導體製造股份有限公司	日月光期貨
CVF	矽品精密工業股份有限公司	矽品期貨
DHF	鴻海精密工業股份有限公司	鴻海期貨
DIF	旺宏電子股份有限公司	旺宏期貨
DLF	中華電信股份有限公司	中華電期貨

註：以上資料節錄自台灣期貨交易所

金融類股12檔

股票期貨 英文代碼	標的證券	股票期貨 中文簡稱
CEF	富邦金融控股股份有限公司	富邦金期貨
CJF	華南金融控股股份有限公司	華南金期貨
CKF	國泰金融控股股份有限公司	國泰金期貨
CLF	兆豐金融控股股份有限公司	兆豐金期貨
CNF	中國信託金融控股股份有限公司	中信金期貨
DCF	彰化商業銀行股份有限公司	彰銀期貨
DEF	永豐金融控股股份有限公司	永豐金期貨
DMF	寶來證券股份有限公司	寶來證期貨
DNF	玉山金融控股股份有限公司	玉山金期貨
DOF	元大金融控股股份有限公司	元大金期貨
DPF	第一金融控股股份有限公司	第一金期貨
DRF	合作金庫商業銀行股份有限公司	合庫期貨

註：以上資料節錄自台灣期貨交易所

傳產類股10檔

股票期貨 英文代碼	標的證券	股票期貨 中文簡稱
CAF	南亞塑膠工業股份有限公司	南亞期貨
CBF	中國鋼鐵股份有限公司	中鋼期貨
CFF	台灣塑膠工業股份有限公司	台塑期貨
CQF	統一企業股份有限公司	統一期貨
CRF	遠東新世紀股份有限公司	遠東新期貨
CSF	華新麗華股份有限公司	華新期貨
CZF	長榮海運股份有限公司長榮期貨	
DAF	陽明海運股份有限公司	陽明期貨
DFF	台灣水泥股份有限公司	台泥期貨
DGF	台灣化學纖維股份有限公司	台化期貨

註：以上資料節錄自台灣期貨交易所

7-3 股票期貨的保證金

操作股票期貨需要多少資金（保證金）？

股票期貨的契約保證金是浮動的。

股票期貨契約保證金 =
期貨契約價格×契約乘數×風險價格係數

> 期貨契約價格 = 股票期貨的買賣價格
>
> 契約乘數 = 2,000股
>
> 風險價格係數 = 原始保證金（13.5%）

目前股票期貨的風險係數為級距1與級距2

風險價格係數	原始保證金	維持保證金
級距1	13.50%	10.35%
級距2	16.20%	12.42%

範例：若台積電的收盤價是60元，則台積電的期貨保證金

60元 × 2,000股 × 13.5%=16,200元

　↑　　　　　↑　　　　　↑　　　　　↑
　期　　　　契　　　　風　　　　期
　貨　　　　約　　　　險　　　　貨
　契　　　　乘　　　　價　　　　保
　約　　　　數　　　　格　　　　證
　價　　　　　　　　　係　　　　金
　格　　　　　　　　　數

何時會被追繳保證金？

若帳戶中有50,000的權益數，假設放空台積電期貨二口，當時期貨價格是62元，當股價上漲被軋空頭上漲？元，才開始追繳？

一、追繳標準：當權益數低於維持保證金時 = 契約價值的 10.35%

$62 \times 2,000 \times 2口 \times 10.35\% = 25,668（元）$

二、在被追繳前可承擔的風險價格？

$（50,000元 – 25,668元）\div （2,000 \times 2）= 6.083$

三、當股票價格漲到多少時帳戶的權益數會低於維持保證金而開始被追繳？

$62元 + 6.083元 = 68.083元$

當台積電被軋空到68.083元以上則開始追繳保證金。

7-4 股票期貨交易的成本優勢

股票期貨的交易成本／

　　若與現股比較大約是七分之一的成本

　　若與融資買進做比較大約是三分之一的成本

　　若與融券賣出做比較大約是六分之一的成本

範例：

1.現股買進：若台積電現貨價位60元以2張（2000股）計算

　　成本：60元 × 2,000股＝120,000元（不計手續費）

2.融資買進（自備款4成）：仍以台積電60元融資買進2張

　（2000股）計算

　　成本：60元 × 2000股 × 40%＝48,000元（不計手續費）

3.融券賣出（保證金9成）：仍以台積電60元，融券賣出2

　張（2000股）計算

　　成本：60元 × 2000股 × 90%＝108,000元（不計手續費）

4.股票期貨（原始保證金13.5%）仍以台積電60元一口

　（2000股）計算

　　成本：60元 × 2000股 × 13.5%＝16,200元（不計手續費）

　　從上述成本分析就可得知：股票期貨的交易成本是現貨的七分之一，是融資買進的三分之一，是融券賣出的六分之一。

7-5 股票期貨的槓桿倍數

　　從上一頁得知股票期貨的成本優勢就可算出其獲利的槓桿倍數大約是6倍以上。因為買一口股票期貨大約等於買3張股票。而一口股票期貨的契約乘數2張（2000股）標的股票。因此，

$$3 \times 2 = 6倍。$$

　　換言之股票每漲1元每張賺1000元。而股票期貨可賺2000元，當然虧損也是如此。舉例說明：

買進現股3月1日買進台積電股票1張（1000股）每股價格60元，

　　成本：60元 × 1,000股 = 60,000元

　　3月3日賣出台積電股票1張（1000股）每股價格64元，

　　獲利：（64 - 60）× 1,000 = 4,000元（不計手續費）

買進股票期貨3月1日買進台積電股票期貨3口每股價格60元，

　　成本：60 × 2,000 × 13.5% = 16,200 × 3口 = 48,600

　　3月4日賣出台積電股票期貨3口每股價格64元，

　　64元 × 3口 = 48,600元

　　獲利：（64-60）× 2000 × 3 = 24,000 元（不計手續費）

因為買台積電股票1張等於買台積電股票期貨（3口），所以

24,000元（股票期貨獲利）÷ 4,000元（現股獲利）= 6倍

　　可見股票期貨的槓桿倍數遠大於現貨，因此讀者若學會操作個股就可操作股票期貨以小搏大。

7-6 股票期貨參加除權息可節稅

股票期貨配息賺股利且不用繳稅

當上市上櫃公司在股東會通過股利分配等之後會公告除權除息的基準日。您只要在除權、除息之前可將手中的現股出脫改買股票期貨。若空手者也可買股票期貨，屆時權息皆會反應在價格上。同時因為沒有實際配股、配息，所以這部分因股利所賺到的價差，可以不必認列股利所得因此不必繳稅。

舉例說明：若台塑配現金股利2元股票股利0.2元（20股）

STEP1. 購入台塑股票期貨以1口為例

STEP2. 配發股利（股票股利、現金股利）
台塑除權息當日期交所會進行「契約調整」將原來的1口「CFF」契約標的從2,000股調整為2,040股，再加上4,000元的現金。同時更改契約名稱為「CF1」。您手上的CFF在這天就變成CF1。此時手中除了2,000股原股票還包括所配發的現金股利4,000元和股票股利40股。

STEP3. 賣出台塑股票期貨
台塑除權除息基準日之後賣出手中的CF1拿回現金。其拿回的現金包含了三部分：①原有股票、②股子即是股票股利、③現金股利。

7-7 期貨的問與答（Q&A）

　　我們把操作期貨指數的三原則、六口訣、九重點全部講完之後，或許投資朋友心中仍然有些疑問或看不懂的地方。筆者借著問與答的單元作重點提示也可說是複習，如此可加深讀者的印象進而融會貫通，功力大增。

一、問：缺口一定會填補嗎？

答：缺口最後一定會填補。只是時間的長短而已。有的缺口在3~5盤之內就會填補，有的須3~5天。若以1分或5分線來看，如果是跳空向上的缺口，在3~5盤或8盤之內馬上拉回填補。且跌破缺口最下限則是弱勢表現，可做空。反之，跳空向下的缺口在短時間內向上填補且站上缺口的最上限則是強勢表現，可做多。

二、問：何謂大缺口？大缺口會一次填補嗎？

答：所謂大缺口是指缺口的幅度大約50~100點以上。就1分或5分線來看大缺口要一口氣填補比較難。通常會先填補一半後再做第二次填補。因此一半也是出手操作的位置。

三、問：六口訣與九重點有何差別？

答：六口訣是我們在《股市三寶》一書中做為技術選股的重點。而九重點是六口訣所演化出來的。它是針對期貨的買賣點所設計。尤其是看分鐘線操作的朋友的必備利器，堪稱短線法寶。

四、問：九重點中哪一個最重要且成功率最高？

答：在九重點的排名中的前四名比較重要。如果只要選一個那就要看當時出現的位置，如成交量若出現超級大量且在低檔區或是在我們預測的支撐區，則它是第一時間的買點，可排第一名。如99年4月27日希臘政府債券被標準普爾評定為垃圾債券。4月28日美股重挫213點。台股期貨早上開盤也跌了近200點。而且一分鐘的成交量高達4203口的超級大量可視為第一名的買點。筆者即刻出手盤中就有80點以上的利潤。

五、問：有時看到出大量出手做多還是會跌？

答：其原因是出現大利空且指數在高檔區或技術指標RSI、KD也在高檔區而指數剛好起跌。因為在盤中會連續出現2~3次甚至4次以上的大量。我們建議可在第三次出現大量時，再出手操作成功率較高。俗云：「凡事不過三！」

六、問：要如何預測明日期貨指數的支撐區與壓力區？

答：這個問題比較複雜，因為預測壓力與支撐可用看、算、劃三種。所謂「看」是看移動平均線或型態。「畫」是畫趨勢線、頸線或軌道線。「算」是算黃金切割率。三種交叉比對後，找出明日最有可能的支撐區或壓力區。

七、問：預測完明日的支撐區與壓力區隔天是否可修改？

答：當然可以但只要在開盤後15分鐘內修改。因為開盤後，我們大約就可知道今日盤勢的強弱。不能等到10點或11點再修改如此不易測試自己預測的功力。目前有上過期貨班的學員有不少預測能力超強。其誤差大都能控制在20點或10點之內。

八、問：本書裡有提到期貨的領先指標其準度如何？

答：期貨指數的領先指標有：價乖離、軌道線的上下沿、RSI的臨界值和技術指稱RSI、KD、MACD的背離。其精準度可達8成以上。尤其是價乖離可達8~9成以上，只是不會時常出現。通常是消息面出現大利多或大利空。

九、問：領先指標可用在分線嗎？其準度又如何？

答：我們設計的領先指標以日線為準。分線的精準度會降低。不過也可參考但必須配合九重點一起看。例如RSI或KD出現背離且成交量又出現大量，或在軌道線上下沿又出現大量其準度才會提高。

十、問：政黨輪替線的成功率如何？

答：政黨輪替線也稱為多空線。在1分線的成功率較低可多參考5分、15分或30分鐘線。或從1分或5分線切入以15分或30分做停利或停損。例如在1分線買進後，等跌破10分或15分的多空線再出。若遇上捲麻花則另當別論。

十一、問：九重點要如何搭配成功率才會高？

答：在本書中一再強調在九個重點中，若在同一個時間或極短的時間內同時出現2個或3個以上的重點再出手成功率極高。例如在軌道下沿出現大量且技術指標RSI、KD又出現背離。同時又在我們預測的支撐區，那麼出手操作的成功率最高幾乎可達九成以上。

十二、問：遇到騙線如何操作？

答：在極短線的1分或5分線時常出現騙線。根據筆者的經驗通常騙線之前會出大量。當指數跌破大量之後在短時間內指數又重回此大量的低點之上則是做空的騙線，此時應該做多。反之，做多的騙線是在上漲中出現大量指數突破此大量的高點後，在短時間又跌破此大量的高點，此時應該做空。可參考我們所列舉的K線圖。

筆者在此特別劃個簡圖給各位讀者參考：

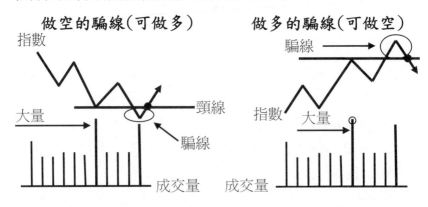

十三、問：三線合一有時也會失誤？

答：三線合一也是重要的重點排名在第四名。利用三線合一操作會失敗的原因通常是做出三線合一的位置不適當。例如在上漲趨勢做出三線合一拉長紅剛好在我們預測的壓力區，因此漲不到幾點馬上又拉回，反而變成三線合一向下。我們也把它稱做三線合一的騙線。下跌的三線合一也是如此。

十四、問：三線合一為何會演變成捲麻花？

答：因為三線合一拉長紅指數未突破前一波的高點。因此無法上漲一波。反之，三線合一拉長黑也未跌破前一波的低點，因此無法再跌一波。因而產生捲麻花。

十五、問：捲麻花如何判斷？

答：捲麻花也稱做箱形整理。通常是做出三線合一急漲或急跌後開始陷入箱型整理。而其判斷方式是以多空線（政黨輪替線）為準。指數在此條均線上上下下。而整理的波數大約在7~9波，有時也會拖到11~13波。

十六、問：捲麻花要如何操作？

答：多看少做。除非箱型整理的幅度大於20點以上，且自己手腳超快。否則不宜操作，以免被「巴來巴去」。

十七、問：在現場看盤中很難判定指數是否突破前高或跌破前低？

答：筆者與讀者感同身受。因為當指數突破頸線或創前波高點或做出三線合一或突破趨勢線、或出大量、或缺口是否站穩……一連串的問題在盤中很難下決定，要買或是要賣？此時真是天人交戰的時刻。我們認為這是經驗與信心的問題。建議多看多模擬操作建立信心，就可當下看出方向做出正確的判斷。

十八、問：萬一做錯方向怎麼辦？

答：「人非聖賢，孰能無過。」「知過能改，善莫大焉。」停損觀念一定要有。因為期貨與選擇權雖然是高利潤也伴隨高風險。如果發現做錯應執行停損退出。所謂不怕錯只怕拖。拖的越久虧損越大。

十九、問：如何反敗為勝？

答：要反敗為勝的前提必須增強功力。如武俠小說的情節男主角都先敗後勝。或先勝後敗再勝。要贏得最後的勝利唯有增強自己的功力不斷的學習加刻意練習才有反敗為勝的本錢。可多參加我們的訓練課程。投資自己是邁向成功的不二法門。

二十、問：期貨是否可與選擇權搭配操作？

答：當然可以。而且操作選擇權也不像期貨要盯緊當日的走勢。例如您認為指數6,000點不破就可在6,000點的履約價做出賣出賣權穩健獲利。或期貨做錯也可用選擇權鎖單。

二十一、問：期貨指數是否可以波段操作？

答：期貨指數每月結算，因此較不適合波段操作。除非您
　　有能力判斷波段行情，否則建議短線操作。何況台股
　　期貨容易受國際盤的影響，尤其是美股在晚上開盤其
　　收盤指數會影響隔天早上台股的開盤。因此，有些投
　　資人連留倉都不敢留。

二十二、問：期指在什麼情況下才可留倉？

答：我們建議在波段的低點。那就是大跌一段後，在底部
　　確認，此時可以少量的口數留倉波段操作。或大漲一
　　段頭部確認，也可留倉，若沒有把握的情況下不宜留
　　倉或波段操作。

二十三、問：三大法人的買賣口數可否參考？

答：當然可以參考。但必須配合指數的位置。如果出現背
　　離狀態就要小心。如法人在期貨佈空單但指數不跌、
　　或佈多單指數不漲，都是注意反轉的信號。

二十四、問：未平倉量是否值得參考？

答：可以參考但不能盡信。未平倉部位比較大的要注意。
　　未平倉量大且指數未跌破此大量的位置表示此位置支
　　撐較強。反之，指數未突破此大量的位置表示其壓力
　　較大。目前市面上很多軟體皆有顯示三大法人的買賣
　　口數與未平倉口數可配合參考。

二十五、問：當日若做對方向獲利多少才停利？

答：期指的獲利是隨技術面而定，也就是心中要有一把尺把停利點設好。基本上若以1分鐘線切入，則以5分線或10分線做為停利或停損。就當沖而言，我們建議新手單日以獲利30~50點為目標。若操作熟練後則可提高到50~80點的獲利目標。

二十六、問：當日若操作失敗停損要設多少點？

答：停損點的設定也是以技術面而定。若以1分線切入則以5分或10分設停損點。若以5分線切入則以10分或20分設定停損。至於停損的點數則以控制在30點~50點之內。

二十七、問：期指一天可做幾趟？

答：對於新手而言筆者建議一天做一趟即可，也就是一來一回。當成功率提高之後，只要發現買賣點出現後，隨時可進場操作。不過我們仍然建議以2趟就好。因為一天僅5個小時，盤中大幅震盪的時間加總約1小時，其他時間大部分是整理盤。因此不宜跑太多趟。

二十八、問：如何才會提高操作期指的勝率？

答：首先必須把三原則、六口訣、九重點練習的非常熟練再模擬操作一段時間。模擬操作的期間成功率最好達到8~9成。最後我們謹記這句話「要在意成功的次數，不要在意獲利的點數。」

二十九、問：線型指標比較準還是技術指標比較準？

答：這個問題要看指數在什麼位置。不過我們認為要以線型指標為主，技術指標為輔。主因是技術指標的計算都是由線型指標而來的。不是技術指標不重要，而是要看技術指標出現的重要性。如一次背離或二次背離或三次背離，依我們的經驗日線的技術指標比分線準，分線較容易誤判。如日線RSI出現乖離的臨界值或背離，此時它的準確度就優於線型指標。

三十、問：盤中看盤須要畫線找買賣點嗎？

答：很有必要，因為從畫線中可看出突破或跌破，甚至研判假突破或假跌破。尤其是頸線與趨勢線務必要畫。致於軌道線比較困難但也盡量練習畫因為它是領先指標再配合成交量則有機會買到最低點，或賣到最高點。

三十一、問：學會期貨指數後可否用在股票期貨？

答：當然就可以而且更好用。因為股票期貨不像指數期貨跳動得那麼快，較有時間等得好的買點。何況我們只要選擇幾擋比較熟悉且了解其股性的股票操作即可。

醉過才知酒濃，愛過方知情深

我們舉了31道問題在一問一答之間相信投資人心中的疑惑皆能獲得解決。因為您的問題也是我的問題。況且我是過來人更能體會操作期指的辛酸。所謂「醉過才知酒濃，愛過方知情深。」對期貨指數而言「做過才知難纏，賠過才知心痛」。讀者是否心有戚戚焉。不只期貨，選擇權也是如此。

不過最困難的題目往往都有最簡單的答案。記得求學期間數學題目看起來很複雜其實答案很簡單。重點在於解題的技巧或方法。

操作股票、期貨，選擇權也是如此要用最簡單的方法去解決最複雜的問題。因此我們才會把它整理出三原則、六口訣、九重點。而在九重點當中再把它找出排名前3~5名的買賣點。您會發現每天的盤勢大概不會超出這九個重點之外。而買賣點的出手點大都在前5名之內。如缺口的位置、大量的位置、騙線的位置、三線合一的位置、趨勢線、頸線的位置。

最後我們要建議投資朋友學會放下。放下不是消極的不管它，而是記取失敗的教訓不要再犯。賠錢的事隨著指數收盤忘了它，明天又是一天的開始。不要讓後悔、懊惱佔據您的心靈。沒有不景氣，只有不爭氣。不要生氣、不要嘆氣，而是要爭氣，爭氣才會神氣，更會帶來財氣。

期貨結語

　　無論操作指數期貨與股票期貨首重方向。所謂方向是指漲、跌、盤三種趨勢變化。因此我們常說「只要方向對，目標就會到。」漲勢確定盡量做多不做空。跌勢確定盡量做空不做多。在盤整趨勢的時候可多看少做或設定支撐、壓力來回操作。尤其是操作股票期貨的朋友更應該堅守此項法則。

　　據筆者所知操作期貨指數的朋友大都是短線操作或當沖操作。此時盤中的切入點就特別重要。因此我們才會設計三原則、六口訣、九重點，給操作短線的朋友有個依據。尤其是看1分線、5分線、10分線或15分線操作的朋友務必要學會這些秘笈。因為操作期貨指數的朋友失敗率達9成。但願讀者閱讀本書後，能融會貫通吸收精華反敗為勝。這也是筆者著書的主要目的。

　　海濤法師曾經開示任何一個願望要圓滿達成，必須要有三力。

　　第一自力，就是自己必須努力。第二他力，可祈求佛菩薩的加持力。第三法力，可借助點燈，頌經，佈施…等消除業力。以上三力若用在股市也是如此。投資人必須自己努力研究基本面、技術面、消息面。佛教徒可祈求佛菩薩的加持力，基督徒可禱告祈求上帝或耶穌基督的加持

力。再加上法力如閱讀投資理財的好書或參加有深度的技術課程等皆可提升自己的功力，如此操作的勝率就會大幅提高。其中此三力最重要的還是在自力。

此外，對新手而言我們也建議先利用我們附錄的「期指實戰看盤模擬操作表」先模擬操作3~6個月後，檢查自己的成績單有達到7~9成的勝率，再開戶實戰操作，如此可立於不敗之地。學會操作期貨再學選擇權就可駕輕就熟。

最後，筆者以感恩的心謝謝購買本書的讀者。再一次祝福各位讀者「期」開得勝，財源廣進。

選擇篇
操作秘笈

　　原先筆者計劃期貨與選擇權各寫一本書分開出版，後來發現學會操作期貨的朋友若再操作選擇權可駕輕就熟成功率更高。而且選擇權的槓桿倍數不亞於期貨。因此投資人可將期貨與選擇權同步操作，更可利用兩者之間作為避險的工具以達相輔相成快速獲利的效果。

　　操作股票的投資人其內心的痛在於選股。因為上市上櫃股票太多，若選錯股只賺指數反賠差價。而操作期貨與選擇權只要盯住大盤的漲、跌、盤三種變化，且做對方向就會賺錢。而選擇權與期貨又有一些差異性。期貨的方向只有兩種，做多與做空。而選擇權做多有兩種（買進買權或賣出賣權），做空也有兩種（買進賣權或賣出買權）合計四種。

　　因為選擇權有四種選擇的機會，且具有時間價值的特性，因此縱然做錯方向也不一定會賠。相對的做對方向也不一定會賺。往後的章節會詳細說明。選擇權也有類似簽注樂透彩的特性以小搏大。因此受到大學院校財金系學生的青睞。

　　目前國內大學院校大都設有證券研習社團。筆者曾經受邀到大學證券社團擔任指導老師，發現不少學生熱衷於選擇權的操作。因為只要一千元以下就可操作。學生利用零用錢操作選擇權有賺有賠。但我發現成功率並不高其原因有二：

一、他們都做買方雖然成本低風險小但因受時間價值的流失而使權利金歸零。

二、時常做錯方向導致虧損。

　　筆者了解上述的兩個原因之後，我建議學生先把股市三寶學好。因為股市三寶K棒、均線、45度線是判定漲、跌、盤的不二法門。只要抓對方向再出手操作自然能提高成功率。因為學生大多做買方，而買方的特性必須在指數大漲或大跌的時候較有倍數以上的利潤。因此筆者告訴他們如何從技術分析的線形圖研判指數可能會大漲一波或大跌一波。經過一段時間的訓練不少學生領悟到箇中三昧。成功率自然提高，在我辭退研習社的指導老師的時候，學生還特別辦一桌謝師宴請我吃飯真是不敢當。

　　選擇權因為有四個選擇多空的機會，如：買進買權（buy call）、買進賣權（buy put）、賣出買權（sell call）、賣出賣權（sell put）。因此可組合不同的狀態應付大盤的變化。選對一步登天，選錯萬丈深淵。因此操作選擇權的朋友務必要學會判定大盤的方向。而大盤的方向只有漲、跌、盤三種。可利用股市三寶輕易的判定出來。

　　選擇權篇的內容首重方向的判定，再做組合的配置。目的在於提高勝率。因此我們把「漲、跌、盤」三種變化擴大成「大漲、小漲、大跌、小跌、盤漲、盤跌」等六種狀態。再以選擇權的四種類別（買call、賣call、買put、賣put）去搭配。如此幾乎可達到完美的境界。但盤中的切入點仍然以期貨的切入點為優先。換言之看期貨做選擇權。

　　最後期盼本書能讓讀者期勝權贏、期權雙贏，期權賺很大。

第一章
選擇權市場

重點提示

◆ 選擇權的基本概念

◆ 選擇權的三種操作策略

◆ 選擇權的單一操作策略

◆ 選擇權的價差操作策略

◆ 選擇權的混合式操作策略

1-1 選擇權的沿革

　　在十八世紀時歐洲櫃檯交易的股票與農產品選擇權（option）就很活躍。直到1973年美國芝加哥成立選擇權交易所（簡稱CBOE）才正式開始交易。在1982年10月期貨選擇權才正式登場。其標的物是美國的公債或糖的期貨合約。從此之後期貨選擇權如雨後春筍般的蓬勃發展。到了1992年期貨與選擇權的比重已達六比四。換言之選擇權以達交易量的40％。

　　我國選擇權市場於2001年12月24日也就是民國90年底開放台指選擇權。交易的標的物是台灣證券交易所發行量加權股價指數。中文簡稱台指選擇權（台指買權、台指賣權）。從此打開選擇權市場與國際接軌，英文代碼（TXO）

　　在選擇權開放之初交易量小且投資人不太了解遊戲規則也不了解選擇權的特性，因此操作的失敗率很高。爾後在期交所與各大券商及期貨商不斷的舉辦說明會與免費上課。灌輸投資人風險意識與操作選擇權的利基。也時常舉辦期權PK賽，不少大專院校組團參加比賽炒熱選擇權市場。

　　目前選擇權的成交量已逐年增加，雖不敢說是全民運動，但投資人已有部份資金投入選擇權，相信未來選擇權仍然是炙手可熱的金融衍生性產品之一。

目前期交所開放的選擇權商品

　　台灣期貨交易所目前開放選擇權的商品已達8種之多。如圖表所示從2001年開始開放台指選擇權之後，往後每隔2~3年就推出新的商品，讀者可參閱圖表所列出的商品。

選擇權類	指數選擇權	1	2001.12.24	台指選擇權
		2	2005.03.28	電子選擇權
		3	2005.03.28	金融選擇權
		4	2006.03.27	MSCI台指選擇權USD
		5	2007.10.08	非金電選擇權
		6	2007.10.08	櫃買選擇權
	商品	7	2009.01.19	黃金選擇權
	個股	8	2003.01.20	股票選擇權

　　本書選擇權的操作重點放在台指選擇權，其他商品投資人可舉一反三如法泡製。

台指選擇權的契約乘數

　　　台指選擇權　指數每點新台幣50元

　　　電子選擇權　指數每點新台幣100元

　　　金融選擇權　指數每點新台幣250元

●詳細的選擇權契約規格可參閱期交所的網站

1-2 選擇權的基本概念

選擇權的定義：選擇權是一種契約可分為買方與賣方。

買方：有權利但沒有義務。在未來的特定日期，或特定日期之前，以特定的價格購買或出售一定數量的標的物（但必須先支付權利金）。

賣方：有義務但無權利。在收受買方的權利金之後，於買方要求履約時有選擇約定履行契約的義務，但必須繳保證金。

選擇權的類別

買權：對未來有購入現貨的權利稱之為買權（call）

賣權：對未來有出售現貨的權利稱之為賣權（put）

投資人比較容易混淆是把買方當成買權，把賣方當成賣權這是大錯特錯。

記得選擇權剛開放的時候上課講師會把買權的英文字（call）比喻成中文的諧音「可樂」是一種飲料的名稱。把賣權的英文字（put）比喻成中文的諧音「葡萄」是一種水果的名稱。其目的是要讓投資人了解買方與賣方皆包含了call與put，而買權稱作call，賣權稱作put。這一點投資人必須分清楚。

1-3 選擇權的交易策略

選擇權的交易策略分成三大部分：

一、選擇權的單一操作策略

此種操作方法也是我們把它列為優先的操作方法。換句話說投資人必須把期貨指數或大盤指數的方向看準再決定選擇權四種類別的哪一種，如看大漲則操作選擇權的買進買權，看大跌則操作選擇權的買進賣權，看小跌則操作選擇權的賣出買權，看小漲則操作選擇權的賣出賣權。要如何看準？往後的章節就會分享我們的心得。

二、選擇權的價差操作策略

此種策略主要是做錯方向要自救的一種策略。換言之如何反敗為勝。價差策略精神是多空皆是同一類型，如多空同樣是做買權（call），或同樣是賣權（put）。
價差策略大約四種：
1.買權的多頭價差、2.買權的空頭價差、
3.賣權的多頭價差、4.賣權的空頭價差。
往後的章節我們也會詳細說明。

三、選擇權的混合式操作策略

此種策略是一種多空操作的策略。混合式操作策略的精神是多空以不同類型的組合。如買權與賣權不同類型的組合操作。
混合型選擇權操作也有四種：1.買進勒式、2.賣出勒式、
3.買進跨式、4.賣出跨式。
往後的章節我們也會詳細說明。

第二章
選擇權的重要名詞與遊戲規則

重點提示

◆ 重要的名詞解釋

◆ 選擇權的四個答案

◆ 選擇權的遊戲規則

◆ 買方與賣方的優缺點

◆ 買方與賣方的使用時機

2-1 重要的名詞解釋

買方： 有權利在未來的特定日期之前，以特定的價錢購買或出售一定數量的標的物（但必須支付權利金）。

賣方： 在收受買方的權利金之後，於買方要求履約時有選擇約定履行契約的義務（但必須繳保證金）。

買權： 對未來有買進現貨的權利稱之為買權（call）。

賣權： 對未來有賣出現貨的權利稱之為賣權（put）。

權利金： 買方的買權與賣權必須支付給賣方，作為買進契約權利價金。

保證金： 選擇權的賣方須繳保證金，以作為選擇權賣方的履約保證。

履約價： 買方有權利選擇買進或賣出期貨契約的價格。

履約日： 選擇權的到期日（每一個月的第三星期的週三）。

權利期間： 買方權利行使有一定期限。到期日距今日的時間。

平倉： 有三種方式

　　1.沖銷（買進先前賣出的部位或賣出先前買進的部位）。

　　2.到期日結算。

　　3.自行放棄結算。

價內：對買權而言履約價低於現貨價

　　例如：現貨指數是7200，買進買權的履約價是
　　　　　7000。

　　　　　低於7200稱為價內。

　　對賣權而言履約價高於現貨價

　　例如：現貨指數是7200，買進賣權的履約價是
　　　　　7400。

　　　　　高於7200稱為價內。

價平：履約價與現貨價格相同。

價外：對買權而言履約價高於現貨價。

　　例如：現貨指數是7200，買進買權的履約價是
　　　　　7400。

　　　　　高於7200稱為價外。

　　對賣權而言履約價低於現貨價

　　例如：現貨指數是7200，買進賣權的履約價是
　　　　　7000。

　　　　　低於7200稱為價外。

●不少投資人會被價內、價外搞混。比較簡單的記法是無
論買權或賣權只要權利金越貴的就是價內，越便宜的就
是價外。

內含價值：選擇權的價值超過其履約價的部份。也可說是
價內選擇權立即履約（平倉）所獲的的利潤。

例如：買進買權在7000的履約價。目前現貨指數是7100其
內涵價值是7100 – 7000 ＝ 100點。

例如：買進賣權在7000的履約價。目前現貨指數是6900其
內涵價值是7000 – 6900 ＝ 100點。

●換言之無論買權或賣權必須都是價內才有內涵價值。

計算方法：對買權而言：（標的指數 - 履約價） ＝ 內含
價值

對賣權而言：（履約價 - 標的指數） ＝ 內含價值

時間價值：選擇權價值超過其履約價值的部分稱為時間價
值。也可說是買方對價平或價外的選擇權進入
價內的一種期望，所願支付的權利金。這種期
望會隨著到期日的逼近而遞減，直到結算日歸
零。換言之隨著時間的消逝，時間價值會加速
遞減。

計算方法：時間價值 ＝ 權利金 - 內含價值

Delta（風險衡量）：當選擇權的標的物其價格變動時對
選擇權價格的影響。

例如：Delta = 0.5就表示當標的物的價格變動1時，選擇權
的價格就會變動0.5。

Delta是法人用來衡量風險的指標其計算方法包含六項定價變數

1.指數水準

2.履約價

3.年利率

4.股息值利率

5.波動率

6.到期天數

$$\Delta call = \frac{\partial C}{\partial S} = e^{(b-r)^t} N(d_1)$$

$$\Delta put = \frac{\partial P}{\partial S} = e^{(b-r)^t} [N(d_1) - 1]$$

將此六項變數帶入公式所得到的值稱之Delta。

目前期交所網站或各大券商提供的看盤軟體其選擇權交易平台的電腦皆會幫我們算出，投資人可參考。如統一期貨、寶來期貨等。

隱含波動率：是由台股指數、履約價、選擇權的存續時間、市場無風險利率、市場股利率代入公式算出理論價值。但因每個人使用的參數不同會產生不同的結果。因此其參考性是相對性而不是絕對性。

無論是Delta或是隱含波動率是提供給投資人在操作選擇權時可選擇隱含波動率較低的履約價安全性較高。這好比技術指標買在RSI、KD的低檔區較安全。縱有虧損也比較少。但不保證一定獲利。

2-2 選擇權的四個答案與遊戲規則

由於選擇權比期貨略為複雜因此筆者化繁為簡,用比較簡單的口語讓初學者能快速的進入狀況且提高操作的勝率。

我們都當過學生有過考試的經驗。若考題是選擇題答案有四個,若只有一個是對的答案,我們稱單選題。反之有兩個以上是對的答案,則是複選題。

選擇權是單選題也是複選題,因此才會分成三大交易策略。1.單一操作策略2.價差策略3.混合式策略。其中單一操作策略是屬於單選題,價差策略與混合式策略是屬於複選題。往後的章節會逐一介紹。

選擇權的四個答案(類別)與遊戲規則

屬別	四種答案(類別)	趨勢方向	使用時機
買方	買進買權(做多)	看多	看多且指數未來有一波漲幅
買方	買進賣權(做空)	看空	看空且指數未來有一波跌幅
賣方	賣出買權(做空)	看空	看空但跌幅有限下檔有撐
賣方	賣出賣權(做多)	看多	看多但漲幅有限上檔有壓

●由圖表可看出投資人若欲做多可選擇買進買權或賣出賣權兩種。

●若欲做空可選擇買進賣權或賣出買權兩種。

●若選擇的屬別是買方則需付權利金。

●若選擇的屬別是賣方則需付保證金。

當你選買進買權（做多）就有人選擇賣出買權（做空）跟你對作，如此才會成交。這好比你買台積電就會有人賣台積電，如此才會成交。因此才有買權的行情表與賣權的行情表，以及買權的K線圖和賣權的K線圖。再一次提醒買權不等同買方，賣權也不等同賣方，這一點一定要分清楚。

　　換言之買方包含了買權（call）和賣權（put）

　　　　賣方也包含了買權（call）和賣權（put）

　　而英文字同樣是call稱做買權。同樣是put稱做賣權。

買方（進）	買進買權 （buy call）	買權	買進買權 （buy call）	英文字同樣是call 稱做買權
	買進賣權 （buy put）		賣出買權 （sell call）	
賣方（出）	賣出買權 （sell call）	賣權	買進賣權 （buy put）	英文字同樣是put 稱做賣權
	賣出賣權 （sell put）		賣出賣權 （sell put）	

●遊戲規則：若要做多則選擇買方的買進買權或賣方的賣出賣權。
　　　　　　若要做空則選擇買方的買進賣權或賣方的賣出買權。
●如何選擇：我們的建議是對我們最有可能獲利的優先選擇。
　　　　　　往後的章節會進一步討論。

197

現在筆者列出一張選擇權的行情表。從圖表示就可看到買權的行情表與賣權的行情。也可看出履約價與權利金

99年5月5日的選擇權行情表

買權行情表			買權的權利金			履約價	賣權行情表			賣權的權利金		
買價	賣價	成交價	漲跌	單量	總量	履約價 2010/05	買價	賣價	成交價	漲跌	單量	總量
575	1000	660	▼ 270.0	1	9	7000	9.3	9.5	9.5	▲ 7.3	2	12950
515	795	590	▼ 240.0	1	21	7100	15.0	15.5	15.0	▲ 11.0	5	10753
469	685	478	▼ 227.0	2	263	7200	23.5	24.5	24.5	▲ 16.7	2	19413
388	403	391	▼ 239.0	1	58	7300	35.5	36.5	35.5	▲ 24.0	6	28640
309	322	309	▼ 201.0	2	261	7400	55	56	55	▲ 35.0	1	45239
236	239	238	▼ 177.0	5	3489	7500	79	81	79	▲ 47.5	25	56954
170	173	173	▼ 157.0	1	7891	7600	115	116	116	▲ 70.0	1	56515
118	120	120	▼ 125.0	1	23810	7700	158	162	160	▲ 90.0	1	40179
77	79	78	▼ 102.0	2	41805	7800	216	221	219	▲ 118.0	3	23836
47.0	47.5	47.0	▼ 77.0	1	51360	7900	282	296	286	▲ 142.0	1	10570
26.5	27.0	26.5	▼ 53.5	6	55121	8000	368	375	373	▲ 171.0	2	7385
15.0	15.5	15.5	▼ 32.0	1	43466	8100	457	463	460	▲ 180.0	4	3414
8.7	8.8	9.0	▼ 17.0	1	35990	8200	545	555	560	▲ 210.0	2	2320
4.7	5.0	4.8	▼ 9.2	1	27061	8300	645	700	650	▲ 215.0	1	492
2.5	2.8	2.7	▼ 4.4	1	13055	8400	700	950	750	▲ 230.0	1	93
1.2	1.3	1.3	▼ 1.8	1	11171	8500	790	1000	850	▲ 265.0	1	12
0.6	0.8	0.7	▼ 0.8	3	3234	8600	725	1130	955	▲ 285.0	1	9
0.3	0.7	0.2	▼ 0.5	3	2208	8700	830	1180	1010	▲ 245.0	1	2
0.2	0.5	0.3	▼ 0.1	4	326	8800	935	1310	--	--	0	0
0.1	0.3	0.3	0.0	4	4	8900	1080	1410	--	--	0	0

圖中的中間7100、7200…是履約價。履約價左邊是買權的行情表。履約價右邊是賣權的行情表。

- 買權權利金的漲跌與大盤同步。換言之大盤漲,買權的權利金跟著漲,大盤跌買權的權利金跟著跌。
- 賣權權利金的漲跌與大盤相反。換言之大盤漲,賣權的權利金反而跌,大盤跌賣權的權利金反而漲。
- 圖中是99年5月5日大盤指數跌233點。因此買權的權利金跌而賣權的權利金反而漲。

2-3 買方（買進買權、買進賣權）與賣方（賣出買權、賣出賣權）的優缺點

台語有一句俗話：「知性好同居」意思是彼此了解個性就比較好相處，夫妻如此，同事、朋友亦是如此。

買方：包括買進買權（做多）與買進賣權（做空）。

賣方：包括賣出買權（做空）與賣出賣權（做多）。

買方的優點：

  1.交易成本低：只付權利金不必付保證金。

  2.風險有限：最大風險是支付的權利金。

  3.利潤無限：獲利沒有限制。

買方的缺點：

  1.指數必須在短時內大漲或大跌較有利潤。

  2.若指數處在整理盤，有時間價值的壓力，權利金會因到期日的逼近而遞減歸零。

賣方的優點：1.只要做對方向一定賺。

     2.沒有時間價值流失的顧慮。

     3.指數處在整理盤對賣方有利。

賣方的缺點：

  1.交易成本高，需付保證金。

  2.風險無限：風險無限有追繳保證金的壓力。

  3.利潤有限：最大獲利只賺取買方的權利金。

善用買方與賣方的優缺點

買方與賣方都有他們的優缺點。很多投資人看了買方與賣方的優缺點之後通常會選擇只做買方不做賣方，因為他們認為買方成本低、風險小、獲利無限，這種想法無可厚非。不過買方必須在指數有大漲或波段上漲的機會才會快速獲利。若大盤指數處在整理盤也就是小漲、小跌的情況下買方的權利金很容易因時間逐漸接近結算日而價值流失最後歸零，因此常有投資人戲稱吃龜苓膏。

由於大盤指數在一年當中處在波段大漲與波段大跌的時間不多，通常都是整理盤居多，因此投資人除操作買方之外，也可考慮操作賣方。

賣方雖然成本高、風險大，但無時間價值遞減的問題，只要善設停損或利用組合單的策略就可將風險降低。買方與賣方好比人的左右手，應一視同仁平等看待。不必厚此薄彼。如此操作選擇權就可得心應手快速累積財富。

本書對於選擇權篇的重點在於如何利用技術分析看出大盤漲、跌、盤的轉折點。而利用此轉折點再決定做買方或賣方。而要判定大盤的轉折點必須靠股市三寶來判定。上過股市三寶或已購《股市三寶》這本書的讀者就有能力判定漲、跌、盤的轉折點。如此對於操作選擇權就有莫大的助益。

在本書中會再重複分享股市三寶的精華。若要詳細了解「股市三寶」的精髓也可參閱《股市三寶》書中的說明。

利用股市三寶操作選擇權如虎添翼

　　坊間的書籍或一般券商舉辦的講座中通常會告訴投資人，如果未來看指數會大漲就做買進買權，如果未來看指數會大跌就做買進賣權，如果看小漲就做賣出賣權，如果看小跌就做賣出買權。也有利用台語發音的教法，看起買起（買買權），看落買落（買賣權）。

　　乍聽之下好像很簡單，其實困難重重。試想投資人如果會看大漲，當然一定買買權而且一定賺。如果會看大跌，當然一定買賣權同樣一定賺。問題在於投資人功力有那麼強嗎？

　　如果投資人真的有那麼強能預測未來指數會大漲或大跌或盤整，那麼鐵定是股票、期貨、選擇權的三大贏家。股市之所以讓人捉摸不定就是您不知道指數會大漲或漲到哪裡？會大跌或跌到哪裡？

　　因此我們才會建議要操作選擇權的朋友必須先學會「股市三寶」。因為它是判定漲、跌、盤的最佳工具。我不敢說百分之百但是利用它判定漲、跌、盤的轉折點其成功率可達八成以上，尤其是45度線這一寶成功率最高。筆者屢試不爽全省的學員操作後亦頗有同感。因此本書才會利用篇幅再複習一次股市三寶，希望沒有《股市三寶》一書的朋友要買一本來看。投資自己才是世上最佳的投資。

2-4 買方與賣方的使用時機

現在我們先將選擇權買方與賣方的使用時機做個說明。再來談如何利用股市三寶判定漲、跌、盤。

買 方	
類 別	使 用 時 機
買進買權 （大 漲）	1.研判指數在短時間內會拉出長紅棒或連續上漲。 2.研判指數在未來有一波漲幅。
買進賣權 （大 跌）	1.研判指數在短時間內會拉出長黑棒或連續下跌。 2.研判指數在未來有一波跌幅。

賣 方	
類 別	使 用 時 機
賣出賣權 （小 漲）	1.研判指數會漲但漲幅不高。 2.研判指數會跌但不會跌破損益平衡點。
賣出買權 （小 跌）	1.研判指數會跌但跌幅不深。 2.研判指數會漲但漲不過損益平衡點。

大漲、小漲、大跌、小跌、盤漲、盤跌的定義

　　先前提到股市只有漲、跌、盤三種變化。但是為了要配合選擇權的特性我們特別把漲、跌、盤三種變化改變成六種變化：大漲、小漲、大跌、小跌、盤漲、盤跌。

大漲： 指數一天漲100點以上稱為大漲或一週之內指數漲
　　　　250~350點以上也稱之為大漲，一個月內漲600點以
　　　　上，亦稱之大漲。

小漲： 指數一天漲50點上下稱為小漲或一週之內指數只漲
　　　　250以下，亦稱之小漲。

大跌： 指數一天跌100點以上稱為大跌或一週之內指數下
　　　　跌250~350點以上也稱之為大跌，一個月內跌600點
　　　　以上亦稱之大跌。

小跌： 指數一天只跌50點上下稱為小跌或一週之內指數下
　　　　跌250以下，亦稱之小跌。

盤漲： 區間盤整完之後可能會大漲或小漲。

盤跌： 區間盤整完之後可能會大跌或小跌。

●至於大盤趨勢可能會大漲或是大跌的條件，往後的章節
　也會分享給讀者。

●因為如果您有能力判斷未來指數會大漲或大跌就可做買
　方的買進買權或買進賣權。如此就有倍數以上獲利的機
　會。

第三章
股市三寶判定漲、跌、盤

重點提示

◆ 第一寶　K棒的完成條件

◆ 第二寶　均線的完成條件

◆ 第三寶　45度線的完成條件

3-1 利用股市三寶判定漲、跌、盤的轉折點

　　為何要學股市三寶，因為它用於操作選擇權的成功率可達8成以上。因此筆者強力建議要做選擇權之前必須要把股市三寶學會。利用三寶判定漲、跌、盤的轉折點就可贏在起跑點。

　　●**股市三寶：第一寶：K線，第二寶：均線，第三寶：45度線。**

一、在下跌趨勢中：

1. 若完成上漲三寶中的任何一寶則下跌趨勢將改變成盤整趨勢，其代表的意義是短時間內指數不會跌破近期的低點。選擇權就可在此低點的履約價做多（賣出賣權）。為何不做買進買權因為暫時無法確定會大漲。

2. 若完成上漲二寶則屬於盤整趨漲的格局（但仍未確定漲勢），此時選擇權除了可以做多（賣出賣權）之外可少量加碼（買進買權）。

3. 若完成上漲三寶則大盤趨勢由「盤」改變成「漲」勢。此時選擇權可再加碼（買進買權）。因為完成漲勢比較有大漲或波段上漲的機會。

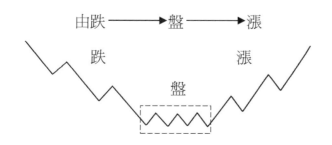

二、在上漲趨勢中：

1. 若完成下跌三寶中的任何一寶，則上漲趨勢就會改變成盤整趨勢，其代表的意義是指數在短時間內不會再創近期或前一波的高點。選擇權就可在此高點的履約價做（賣出買權）。為何不做（買進賣權），因為暫時無法確定會大跌。

2. 若完成下跌二寶則大盤屬於盤整趨跌的格局，但仍未確定跌勢。此時選擇權除了可以做空（賣出買權）之外也可少量加碼買進賣權。

3. 若完成下跌三寶則大盤趨勢由「盤」改變成「跌」勢。此時選擇權可加碼（買進賣權）。因為完成跌勢比較有波段的跌幅。

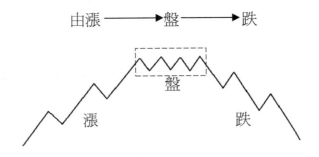

由漲 ────▶ 盤 ────▶ 跌

盤

漲　　　　　　　跌

3-2　第一寶：K棒的完成條件

　　我們把K棒組合成四種狀態而這四種狀態有上漲K棒的四種狀態與下跌的四種狀態。如圖所示是上漲K棒的四種狀態。此四種狀態只要在三根或四根K棒中有出現兩種狀態以上，則K棒的上漲一寶就算完成。

1.K棒頻頻出現下影線，且下影線遠大於實體K棒的一倍以上。

2.一根長紅棒吃掉前面2~3根的黑K棒。

3.跳空上漲留下1~3%以上的上漲缺口。

4.K棒三天不破新低，以最低價或收盤價計算皆可。

下跌K棒的四種狀態

　　如圖所示是下跌K棒的四種狀態。此四種狀態只要在三根或四根K棒中出現兩種以上則K棒的下跌一寶就算完成。

1.K棒頻頻出現上影線，且上影線遠大於實體K棒的一倍以上。

2.一根長黑吃掉前面2~3根的紅K棒。

3.跳空下跌留下1~3%的下跌缺口。

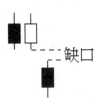

缺口

4.K棒三天不創新高，以最高價或收盤價計算皆可。

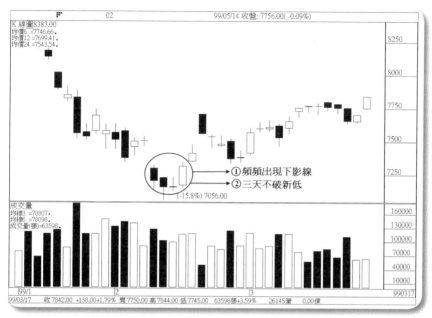

圖3-1

如圖所示：在四根K棒中，有兩根頻頻出現下影線，有三根不破新低。上漲K棒的四種狀態出現兩種，則K棒的上漲一寶就完成。

圖中①所標示的是K棒頻頻出現下影線。

圖中②所標示的是K棒三天不破新低。

●在三根或四根K棒中出現四種上漲狀態中的兩種以上。則K棒的上漲一寶就算完成。

●完成上漲一寶，大盤趨勢就會由「跌」改變成「盤」。指數在短時間之內就不會跌破前波低點7056，那麼7000點的履約價就可做多賣出賣權。

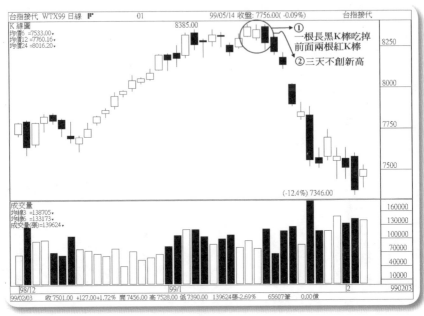

圖3-2

如圖所示：在三根K棒中，有一根長黑K棒，吃掉前面兩根紅K棒，且三天不創新高。下跌K棒的四種狀態出現兩種，則K棒的下跌一寶就完成。

圖中①所標示的是一根長黑吃掉前面兩根紅K棒

圖中②所標示的是K棒三天不創新高

●在三根或四根K棒中出現四種下跌狀態中的兩種以上。則K棒的下跌一寶就算完成。

●完成下跌一寶，大盤趨勢就會由「漲」改變成「盤」。指數在短時間之內就不會突破近期的高點8385，此高點的履約價8300就可做賣出買權。

3-3 第二寶：均線完成的條件

前面所談的是第一寶K棒。現在要談的是股市三寶的第二寶：均線。所謂的均線就是移動平均線。

移動平均線可採用5日或6日均線皆可。

一、在下跌趨勢中：

若K棒站上6日均線且連續三天以上則上漲的均線這一寶就算完成。

二、在上漲趨勢中：

若K棒跌破6日均線且連續三天以上則下跌的均線這一寶就算完成。

先前所談的第一寶K棒它的優點是可領先出現，但缺點是容易誤判，且易受消息面的影響改變原先的狀態。

而第二寶均線它的優點是短時間不易受消息面而改變其狀態，但缺點是落後完成條件。因為當K棒站上6日均線三天，或跌破6日均線三天則指數距離低點或高點已有一點距離，在股市三寶中列為落後指標。

我們先看一下均線這一寶的範例再來討論45度線這一寶是如何判定。

● 在股市三寶中的第三寶：45度線。是比較中性的。它的優點是不易受到消息面的干擾也可比均線這一寶提前反應，因此我們把它稱為股市三寶中的寶王。

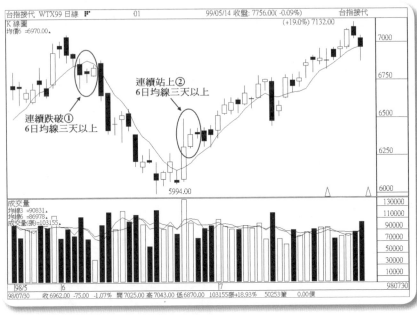

圖3-3

如圖所示：可看出來圖中①K棒跌破6日均線連續三天以上。下跌的均線這一寶就算完成。圖中②所標示的是K棒站上6日均線連續三天以上。上漲的均線這一寶就算完成。

圖中①所標示的是K棒跌破6日均線三天以上。

圖中②所標示的是K棒站上6日均線三天以上。

3-4 第三寶：45度線的完成條件

談完成前面K棒與均線二寶之後，現在要談一談最重要的第三寶45度線，因為45度線堪稱股市三寶的寶王。因此我們要畫45度線時，K棒圖的版面就必須有一定的比率。

畫45度線的條件有二／

一、K線圖的版面其長寬比率必須是黃金比例1.618：1。
　　換句話說如果寬是10公分，那麼長就要16.18公分。

二、在黃金矩形裡面的日K棒數量至少要100根最多不超過120根。大約是5~6個月的時間。

●以上兩個條件是畫45度線的必備條件，如此畫出的45度線精準度才會高。

●會畫45度線的朋友單就45度線這一寶就可以判定大盤的漲、跌、盤三種變化。

　　45度線有上升的45度線與下降的45度線。無論是上升的45度線或下降的45度線皆有兩種畫法：標準化與精緻畫。

首先我們先談上升45度線的標準畫法與精緻畫法：

一、上升45度線的標準畫法

所謂標準畫法是在上升的趨勢線中自波段的低點畫起的第一條上升45度線稱之為標準畫法。

二、上升45度線的精緻畫法

在上升的趨勢中除了畫出標準畫法之外也可加畫精緻畫法。因為在上升的趨勢中K棒可能出現三種情況1.跳空上漲的缺口2.橫盤後再漲3.每一小波的底部。若出現上述三種情況時可再加畫一條上升的45度線。所加畫的45度線我們把它稱做精緻畫法。

　　當指數跌破最上面那一條上升精緻畫的45度線時，就可判定下跌的45度線這一寶完成了。則大盤趨勢由「漲」改變成「盤」。文字說明或許讀者不太了解，後面會舉K線圖的範例給讀者參考。

讀者所要注意的是要加畫的三個重點：

1.跳空上漲的缺口：必須在缺口的上限位置加畫45度線。

2.橫盤的突破：必須等橫向整理突破後再自低點畫45度線。

3.小波段的底部：必須在每一小波段的起漲點畫45度線。

再談一談下降的45度線的標準畫法與精緻畫法兩種

一、下降45度線的標準畫法

所謂標準畫法是在下降趨勢中自波段的高點畫下來的
第一條下降45度線，稱之為標準畫法。

二、下降45度線的精緻畫法

在下降的趨勢中除了畫出標準畫法之外也可加畫精緻
畫法。因為在下降的趨勢中K棒可能出現三種情況
1.跳空下跌的缺口2.橫盤後再跌3.每一小波的頭部。
若出現上述的三種情況時，可再加畫一條下降的45度
線。所加畫的45度線，我們把它稱做精緻畫法。

　　當指數突破最下面那一條下跌精緻畫的45度線時，就
可判定上漲的45度線這一寶完成了。如此大盤趨勢就會由
「跌」改變成「盤」。文字說明若有不清楚的地方可詳看
K線圖的範例。

讀者所要注意的是要加畫的三個重點：

1.跳空下跌的缺口：必須在缺口的下限位置加畫45度線。

2.橫盤的跌破：必須等橫向整理跌破後再自高點畫45度
　線。

3.小波段的頭部：必須在每一小波段的起跌點畫45度線。

活用45度線

如圖所示是上升45度線與下降45度線的標準畫法與精緻畫法。圖中所標示①是標準畫法，圖中所標示②③④…是精緻畫法。

活用45度線

第①條是標準畫法

第②條以上是精緻畫法

上升45度線的畫法	下降45度線的畫法

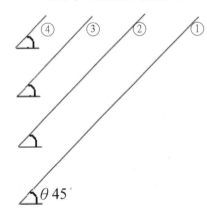

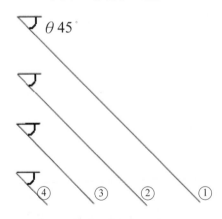

上漲45度線精緻畫法的
三個條件：

1.跳空向上的缺口

2.橫盤後的突破

3.小波段的底部

下跌45度線精緻畫法的
三個條件：

1.跳空向下的缺口

2.橫盤後的跌破

3.小波段的頭部

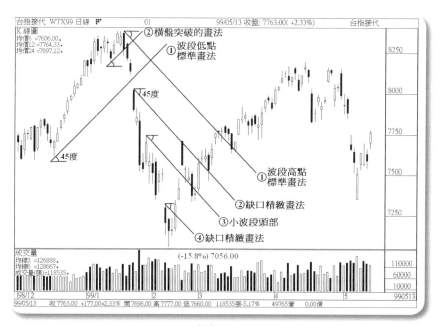

圖3-4

如圖所示：是上升45度線與下降45度線的標準畫法與精緻
畫法。

一、上升45度線的畫法：

圖中①所標示的是自波段低點畫起的標準畫法。

圖中②所標示的是橫盤突破後的精緻畫法。

●跌破上升精緻畫圖中②的上升45度線就算完成下跌一寶。

二、下降45度線的畫法：

圖中①所標示的是自波段高點畫下的45度線標準畫法。

圖中②與④所標示的是自跳空下跌的缺口畫下的精緻畫法。

圖中③所標示的是自小波段頭部所畫下的精緻畫法。

●突破下降精緻畫圖中④的下降45度線就算完成上漲一寶。

Take a Break
閱讀休息站

喝杯茶水
品嚐一下

學員的感性分享

隨時把握學習機會，因為機會是留給準備好的人

陳老師：您好！

　　欣聞您又有大作即將問世，內心盼望不已，而且又是有關期指與選擇權操作方面的書籍，我已期待好久了，真想一睹為快！同時，我也很樂意將這個好消息分享週遭的親朋好友，讓他們在期指與選擇權的操作上，能有條不紊的快速入門，並且學習正確的方法與心態，幫助他們在未來股票和期貨市場的投資都能穩定獲利，累積財富，做個輕鬆快樂而又自在的投資人。

　　跟隨老師學習股期權的操作已有多年了，足跡可謂遍及台北、台中、嘉義、及台南等地。過去，我在茫茫股海中賠了不少錢，主要歸因於不懂方法與隨興亂做，甚至也有很多錯誤的操作習性，雖經多年而自己卻渾然不知。在經過老師的指導與開示後，如今已如倒吃甘蔗漸入佳境，而且近幾年來也稍有斬獲，這一切都要歸功於老師的教導有方。所以從過去一直到現在，只要老師有開課，只要我時間方便，我都會不斷的參加免費複訓，而且在每次的上課當中都獲益良多。除了溫故知新，激發潛意識的直覺反應外，也都能有機會再學習到老師近期的成長新知和操作秘訣，並漸漸克服自己的操作盲點，養成正確的操作心態，使我在實戰的操作上對於依循的準則能更加有信心，同時也不斷的提升操作的勝率與獲利。在此，我深深的向老師致上十二萬分的謝意，感謝您多年來給我的教導與啟發。

　　這次老師能將期指與選擇權的上課精華及老師個人的實戰經驗無私的公諸於世，這對廣大的投資朋友可說是一

大福音，我相信對老師而言也是在做善事積功德，將來一定會有很大的福報。而對於有幸有緣能獲得此書的投資朋友，我建議更應該要如獲珍寶般的好好研讀書中的精髓，並且要好好的善用它，包括股市三寶〔尤其是45度線的寶王〕、三原則、六口訣、九重點、看456做123、三個領先指標、以及大漲大跌的研判條件…等重點，並加以融會貫通，靈活運用。如此不但能敏銳的抓住市場漲跌盤的脈動及轉折點，也更能精準的掌握壓力與支撐的切入點，如此您就能輕鬆遨遊股海，而且保證無往不利。當然，也可進一步藉以建立個人獨有的成功交易系統，如此便能長久立足於股票與期貨市場，創造個人事業的第二春或培養個人的第二專長，並且每天都能財源滾滾，獲利滿滿。

我時常將老師平常上課提醒的幾點操作心法銘記於心，並奉為圭臬，這對我的操作績效幫助很大。在此也願意提出與購買此書的朋友共享與共勉：1。「股票市場其實也是人性修行的道場」，2。「隨時把握學習的機會，因為機會總是留給準備好的人」，3。「敢買肯賣，不怕錯，只怕拖」，4。「要在意成功的次數，不要在意獲利的點數」，5。「要有原則，堅守心中的一把尺」，6。「守紀律，執行停損停利」…，雖然簡單幾句，但要做到卻是不容易，那就要看個人的修練程度了。股票與期貨市場險惡無情，而且瞬息萬變，想要長久立足穩定獲利，不但要有正確的方法，遵守紀律，更重要的是要有果斷的執行力，希望大家都能早日邁進上億的富裕人生。祝福大家！

學生 潭子陳 敬上

缺口理論讓我在期貨市場頗有收穫

陳霖老師好：

　　我是電子業從業人員朱莉（Julie），因公司發放股票而認識股票市場，因此尋找在股市中穫利的方法是我一直以來不變的信念。台灣投資人總認為，在股市投資股票若想穫利，一定要擁有高超的預測分析能力，或者二是聽信某位專家或親朋好友的「名牌」，才能掌握「買低賣高」的契機。在股市期貨零和市場則更需要一套判斷盤勢漲跌的技術分析，因此書局裡五花八門投資技巧理財書琳瑯滿目。尋尋覓覓二十載，終於讓我找到一套簡單易懂的股市分析書，陳霖老師所著的《股市三寶》，剛接觸此書用缺口理論就讓我在期貨市場頗有收穫，三線合一向上或向下操作讓我在股票市場操作穫得先機，我從陳霖老師處學到的一招半式的投資方法就讓我對股市投資市場重拾信心，現在更常常將老師的投資理財書隨時拜讀，誠懇地向您推薦陳霖老師的股票及期貨市場的投資書籍，實是所有投資人投資股票期貨最佳的投資聖經。

　　陳霖老師是一位長期在全台演講上課的股市專業老師，他的課程活潑生動又易懂，他的書亦像他上課的風格淺顯易懂，如股市三寶是判斷股市的漲跌盤，老師常說股有量價勢，勢有漲跌盤，掌握漲跌盤的轉折點就可以贏在起跑點。一般人認為股市是一個投機市場，是一項高報酬

及高風險的投資工具，我確認為投機與投資只是一線之隔，建立正確的投資觀念，如何面對風險且規避風險，進而管理風險，是股市投資人必需面對的課題，一套讓你判斷股勢漲跌盤方向的股市期貨理財分析方法，就能有效做好風險管理。三線合一看到股勢的方向，缺口理論的上下緣設定讓我做期貨有停利及停損點進出場，工具愈簡單更能體會它的功能，化繁為簡是陳霖老師股票期貨理財書最大的特色，讓我可以做一個快樂的股市投資人。

新竹 朱莉

寫給陳老師的一封公開信

陳老師平安：

　　聽到老師近期即將再出版一本有關期貨技術分析的新書，心裡非常高興，兩年多來身為老師的學生，可感受老師的教學，我在認識老師前，對金融商品非常陌生，也不清楚什麼K棒、技術分析指標等等。沒有意識到其中風險，非常單純以為股票投資會賺錢，所以盲目的買了一菜籃的股票，其中兩檔下市，血本無歸，另外虧損把畢生儲蓄賠光光。

　　我痛定思痛，決定好好學習，所以有緣當了陳老師的學生，老師總是深入淺出、有系統、口語化、不厭其煩的教會看股市變化、利用股市三寶，尤其45度最經典，其中妙用不在話下，其實我是非常佩服老師的實力，有別坊間一般老師而是以龜兔賽跑的精神，以一種穩紮穩打、小心謹慎信心毅力達到圓滿成功。

　　老師說過：「努力不一定會成功，但成功的人一定努力過。」陳老師把積累多年經驗、好用的法寶，教會了我，雖然離股市贏家還有一段距離，但是我自己跟自己比，已經進步很多，不但清楚線圖利用所學K線、均線、45度判斷股市走勢、遠離風險。

　　股市投資人失敗後，有人從此退出股市，有人選擇請教於有仁德、有內涵、有經驗者，跟著學習，這也算一種

正確的方法。而我早已過不惑之年，我常想財富是很好，但為人處事也是重要，曾有朋友送我十二字真言：孝、敬、誠、謙、修、勤、儉、守、進、真、善、忍，我也深記於心，而陳老師書本《股市三寶》後面談到許多股市禪學，其實是相同的，為人在世如能嚴守，將來一定會更好，我想陳老師教學多年，學生不計其數，不是沒有原因的，為人實在、人緣好、貴人自然多。

股友們都會知道有名的股神巴菲特，他把自己的財產絕大部份捐出公益，僅留下不成比例的一小部份給後代子孫，有人好奇問他，巴菲特回答：「我已經把賺錢的方法，告訴我的後代，他們會賺到比我更多的財富」其智慧是那麼的高。

活到老學到老，切實勤學、勤練人人可以成為東方不敗。透過努力的學習，才能改變自己，尤其在股市、高風險市場，更需要不斷學習好的技術，藝高人膽大，才有可能立足於不敗之地。陳老師之前所出版的《10被數操盤法》與《股市三寶》都是值得再三閱讀的工具書，股神巴菲特把賺錢的方法留給子孫，而陳老師也把賺錢的方法，寫於文字出書，只要能勤勤練、時時學、切實勤學、切實勤練，人人可以成為「東方不敗」。

陳老師第三本新書即將出版，祝老師新書發表成功，而我更祝福普天下的投資人快樂的學習，大步邁向成功大道。

住於彰化 學生 蘆薈敬上 2010/5/2

第四章
選擇權的實戰（單一策略）

重點提示

◆ 45度線的操作策略

◆ 判定大漲大跌的條件

◆ 買方大漲（價外）與大跌（價外）的買進時機

◆ 賣方小漲、小跌的賣出時機

◆ 盤漲、盤跌的買賣時機

4-1 單一操作策略（45度線）

我們會把股市三寶中的45度線視為寶王，最主要原因是其判定大盤的漲、跌、盤精準度很高。說明如下：

一、在上漲趨勢中

當指數跌破最上面的一條精緻畫45度線，則代表大盤由「漲」改變成「盤」。只要進入「盤」指數在短時間內就不會突破前波的高點，那麼前波高點的履約價就可做空選擇權的賣方（賣出買權）賺取時間價值的利差。若研判會大跌一波則可加碼選擇權的買方（買進賣權），如此就有倍數以上的獲利。

二、在下跌趨勢中

當大盤指數突破最下面的一條精緻畫45度線，是代表大盤由「跌」改變成「盤」。只要進入「盤」指數在短時間內就不會跌破前波的低點，那麼前波低點的履約價就可做多選擇權的賣方（賣出賣權）賺取時間價值的利差。若研判指數會大漲一波則可加碼選擇權的買方（買進買權），如此就有倍數以上的利潤。

●股市永遠都是漲、跌、盤三種變化只要能抓住它的轉折點就可贏在起跑點。

●而在轉折點出現時切入操作選擇權的成功率最高。

舉個實例說明：

　　如圖中在99年元月20日K棒跌破45度線，指數在短時間也不會突破前波高點8385。此時也可在8300或8400的履約價做空（賣出買權），若研判會大跌可加碼（買進賣權）。

　　如K線圖所示在99年5月3日K棒跌破45度線，當時期貨指數是8000點，我們預估指數在短時間內不會突破前波高點8100~8200，此時就可以在8000或8100的履約價做空（賣出買權）。若研判會大跌可加碼（買進賣權）。

圖4-1

●下一頁是99年5月3日指數跌破45度線的選擇權行情表。當時做空選擇權。經過3個交易日5月7日出現負價乖離平倉。賣出買權獲利可賺92.5%。買進賣權可賺1.8倍。

這是99年5月3日指數跌破45度線，在8000或8100的履約價做空選擇權（賣出買權），當時8000點履約價權利金是107點。經過3天之後5月7日權利金剩下8點。獲利（107 – 8 ）÷ 107 = 92.5%。

若研判會大跌做空（買進賣權）當時5月3日賣權8000點履約價的權利金是175點經過三天之後5月7日權利金是500點。獲利（ 500 – 175 ）÷ 175 = 187.5%相當於1.8倍。

●可參考下一頁5月7日的選擇權行情表。

99年5月3日指數跌破45度線的選擇權行情

買權							賣權					
買價	賣價	成交價	漲跌	單量	總量		買價	賣價	成交價	漲跌	單量	總量
						2010/05						
805	945	940	▼ 60.0	1	8	◀ 7000 ▶	3.4	3.5	3.4	▼ 2.0	4	4833
700	1020	795	▼ 100.0	4	12	◀ 7100 ▶	5.4	5.7	5.6	▼ 2.2	1	3726
710	1010	705	▼ 100.0	4	20	◀ 7200 ▶	8.7	8.8	8.7	▼ 2.3	5	5167
630	910	630	▼ 75.0	1	4	◀ 7300 ▶	12.5	13.5	13.0	▼ 3.0	3	9541
545	585	560	▼ 40.0	1	44	◀ 7400 ▶	20.5	21.5	20.5	▼ 3.5	2	15001
459	500	463	▼ 57.0	1	134	◀ 7500 ▶	30.0	30.5	30.0	▼ 2.0	2	23620
375	383	376	▼ 56.0	1	298	◀ 7600 ▶	44.0	44.5	44.0	▼ 0.5	1	23133
295	298	297	▼ 53.0	3	1235	◀ 7700 ▶	64	65	64	▲ 5.0	2	25137
221	223	223	▼ 49.0	9	7828	◀ 7800 ▶	91	92	92	▲ 8.0	1	30085
159	160	159	▼ 43.0	1	16424	◀ 7900 ▶	127	128	127	▲ 14.0	25	22528
107	108	(107)	▼ 35.0	5	33945	◀ 8000 ▶	174	175	(175)	▲ 21.0	1	14987
67	68	67	▼ 26.0	2	40443	◀ 8100 ▶	235	237	237	▲ 32.0	9	4166
40.0	40.5	40.0	▼ 17.0	1	44792	◀ 8200 ▶	307	310	308	▲ 38.0	1	2133
21.5	22.0	21.5	▼ 10.5	2	33021	◀ 8300 ▶	386	391	390	▲ 45.0	4	498
11.0	11.5	11.0	▼ 5.5	5	17814	◀ 8400 ▶	476	481	481	▲ 54.0	1	333
5.2	5.4	5.5	▼ 2.7	4	13284	◀ 8500 ▶	458	645	575	▲ 60.0	1	39
2.3	2.4	2.4	▼ 1.6	1	5556	◀ 8600 ▶	540	765	665	▲ 60.0	1	21
1.0	1.1	1.0	▼ 0.6	96	1609	◀ 8700 ▶	605	1240	770	▲ 50.0	1	11
0.3	0.8	0.6	▼ 0.2	1	549	◀ 8800 ▶	700	1310	830	▲ 35.0	4	4
0.3	0.5	0.5	▲ 0.1	1	50	◀ 8900 ▶	785	1390	940	▲ 45.0	4	4

上一頁是99年5月3日指數跌破45度線的行情表，本頁是經過三天後5月7日的行情表，您會發現僅僅三個交易日，買權獲利接近一倍，賣權獲利接近兩倍。

99年5月7日選擇權的行情表

買權							賣權					
買價	賣價	成交價	漲跌	單量	總量		買價	賣價	成交價	漲跌	單量	總量
						2010/05						
520	535	530	▼ 35.0	1	414	◀ 7000 ▶	24.0	24.5	24.5	▲ 13.0	1	58382
437	441	447	▼ 39.0	1	995	◀ 7100 ▶	34.0	34.5	34.5	▲ 18.0	1	40512
350	354	361	▼ 40.0	5	1013	◀ 7200 ▶	48.5	49.0	48.5	▲ 22.0	1	49641
270	273	270	▼ 43.0	3	5157	◀ 7300 ▶	67	69	68	▲ 27.0	1	57386
197	200	200	▼ 41.0	1	23647	◀ 7400 ▶	96	97	97	▲ 35.0	3	72451
138	139	139	▼ 31.0	1	51237	◀ 7500 ▶	134	135	135	▲ 44.0	1	45615
86	87	87	▼ 26.0	1	71322	◀ 7600 ▶	182	185	185	▲ 52.0	6	16431
51	52	51	▼ 19.0	10	60216	◀ 7700 ▶	249	250	249	▲ 60.0	2	10714
29.0	29.5	29.5	▼ 10.0	2	63641	◀ 7800 ▶	321	327	326	▲ 65.0	1	5863
14.5	15.5	14.5	▼ 6.5	1	32920	◀ 7900 ▶	405	416	418	▲ 78.0	4	3428
7.9	8.2	(8.0)	▼ 3.5	3	23650	◀ 8000 ▶	500	505	(500)	▲ 70.0	1	2061
4.4	4.6	4.4	▼ 2.3	20	17135	◀ 8100 ▶	595	605	590	▲ 55.0	1	1059
2.6	2.9	2.9	▼ 0.9	1	8597	◀ 8200 ▶	695	705	680	▲ 40.0	8	247
1.7	2.2	2.2	▼ 0.1	1	5535	◀ 8300 ▶	790	805	790	▲ 55.0	1	138
1.2	1.5	1.4	▼ 0.1	3	3971	◀ 8400 ▶	890	895	885	▲ 45.0	1	44
0.8	1.0	0.9	▼ 0.1	2	4105	◀ 8500 ▶	990	1010	985	▲ 35.0	1	7
0.6	0.8	0.8	▲ 0.1	3	1547	◀ 8600 ▶	1090	1110	1180	▲ 170.0	1	1
0.2	1.0	0.3	▼ 0.2	1	420	◀ 8700 ▶	1010	1390	1220	▲ 70.0	1	3
0.2	0.6	0.6	▲ 0.2	1	228	◀ 8800 ▶	1090	1470	--	--	0	0
0.1	0.8	0.3	0.0	30	553	◀ 8900 ▶	1190	1570	--	--	0	0

99年5月3日與5月7日的行情對照表

日期	買權（權利金）	履約價	賣權（權利金）
5月3日	107點	8000	175點
5月7日	8點	8000	500點

●賣出買權獲利107–8 = 99點 99÷107=92.5%（不計手續費）

●買進賣權獲利500–175=325點 325÷175=185.7%（不計手續費）

●若買台積電或放空台積電在短短的三天內要賺92.5%或185.7%談何容易。可見會操作選擇權的朋友獲利速度遠大於操作股票或期貨。所以我們常說作對方向就可享受速度。

單一操作策略與組合操作策略

在第一章我們提到操作選擇權以單一操作策略為主。組合操作策略為輔。

單一操作策略：

1. 利用股市三寶判定漲、跌、盤的轉折點。當轉折點出現時，再以選擇權的四個答案（買call、買put、賣call、賣put）套進去使用必可獲利。

2. 利用線型指標與技術指標分析研判大漲、大跌、小漲、小跌時，以賣方搭配買方的單一操作策略應對。至於如何判定大漲或大跌我們會在後面的章節說明。

組合操作策略可分為兩種：價差策略與混合式策略

一、價差操作策略：

主要是當我們做錯方向時如何利用價差策略自救，也可說是反敗為勝，往後的章節也會說明。

二、混合操作策略：

主要是在整理盤時可利用整理區間的壓力與支撐多空雙做。

混合操作策略可分成四種：

1. 買進勒式　2. 賣出勒式　3. 買進跨式　4. 賣出跨式

4-2 如何判定大漲、大跌的條件

我們知道買方的買進買權（buy call）與買進賣權（buy put）最適合用在指數大漲與大跌的時機。但是要如何能看出未來短時間之內指數可能大漲一波或大跌一波，若非技術功力深厚的高手很難判斷得出。

筆者就個人的經驗在本章節中分享，雖不敢說百分百但很有參考的價值，我們把技術分析分成**線形指標**與**技術指標**兩方面來探討。談到這裡筆者不得不再向讀者建議沒有《10倍數操盤法》與《股市三寶》這兩本書的朋友務必要買來看。因為這兩本書是技術分析的基石。很多購書的朋友或上過課的學員他們都有技術分析的基礎。如此操作選擇權就會駕輕就熟，成功率自然提高。

只要方向對目標就會到

無論是操作股票、期貨、選擇權首重方向。而方向只有漲、跌、盤三種變化。在選擇權中我們再把方向細分成六種：大漲、小漲、大跌、小跌、盤漲、盤跌。而其中的大漲、大跌就要靠功力深厚的人才有能力研判出來。

除了線形指標與技術指標可看得出來之外，消息面也是重要的參考之一。如突發的利多或利空，國際股市的大漲、大跌或結算日之前有拉高結算或壓低結算的關係使得指數大幅震盪，都是產生大漲或大跌的原因。

形成大漲大跌的條件就技術分析而言可分為線形指標與技術指標，是以日線或週線或月線作為參考標準。

線形指標形成大漲大跌的條件

大漲的條件：

一、均線做出三合一向上。所謂三合一是指5日、10日、20日均線。做出三合一較有波段的漲幅且漲的時間較長。

二、指數突破45度線。這是屬於時間較短的大漲，在短時間內漲幅能達到250~350點也算是大漲的條件

三、完成上漲的股市三寶。此時漲勢確定，指數會有較大的漲幅。

四、突破長期的下降趨勢線。所謂長期是指1.5~2個月以上。因拉回整理時間越長，而反彈幅度就越高。

大跌的條件：

一、均線做出三合一向下。三合一是指5日、10日、20日均線。做出三合一較有波段的跌幅且跌的時間較長。

二、指數跌破45度線。這是屬於時間較短的大跌，在短時間內跌幅能達到250~350點也算是大跌的條件。

三、完成下跌股市三寶。此時跌勢確定，指數會有較大的跌幅。

四、跌破長期的上升趨勢線。所謂長期是指1.5~2個月以上。因漲幅時間越長，而拉回幅度就越深

技術指標形成大漲大跌的條件

技術指標仍然是以日線、週線、月線作為參考標準。

大漲的條件：

一、RSI在低檔區做出背離或多重底。所謂低檔區是指3日 RSI在20以下做出一次、兩次或三次背離。次數越多 反彈的漲幅越高。

二、KD指標在低檔區做出背離或多重底。所謂低檔區是 指KD值在20以下做出一次、兩次或三次背離。次數 越多反彈的幅度越高。

三、MACD的柱狀體在零軸以下做出背離或多重底，且柱 狀體開始縮腳。

大跌的條件：

一、RSI在高檔區做出背離或多重頭。所謂高檔區是指3日 RSI在80以上做出一次、兩次或三次背離。次數越多 下跌的幅度越深。

二、KD指標在高檔區做出背離或多重頭。所謂高檔區是 指KD值在80以上做出一次、兩次或三次背離。次數 越多下跌的幅度越深。

三、MACD的柱狀體在零軸以上做出背離或多重頭，且柱 狀體開始縮頭。

●談完大漲大跌的條件之後，筆者列舉幾張K線圖的範例 給讀者參考。期望將來遇到大漲、大跌時都能做買方賺 大錢。

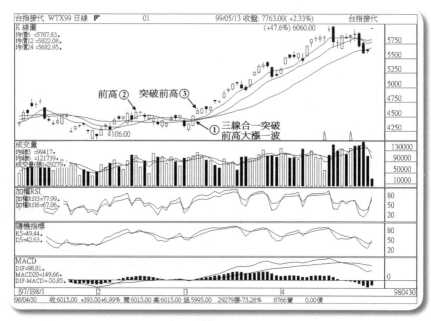

圖4-2

如圖所示：是日線圖出現三線合一突破前波高點指數大漲一波。

圖中①所標示的是三線合一向上的位置

圖中②所標示的是前波的高點

圖中③所標示的是突破前高的位置

操作法則：

一、若只知會漲不知會大漲可先做賣方（賣出賣權）一定賺，確定會大漲再加碼買方（買進買權）

二、若預測會大漲可直接做買方（買進買權）則獲利皆數以倍計。

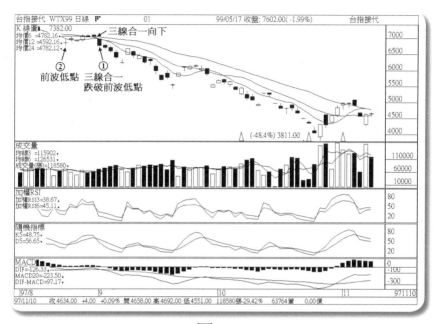

圖4-3

如圖所示：是日線圖，圖中標示出三線合一向下的位置，

當指數跌破前一波低點後大跌一波。

圖中①所標示的是三線合一向下的位置

圖中②所標示的是前波低點

操作法則：

一、若只知道會跌沒有把握會大跌可先做賣方（賣出買

　　權）一定賺。

二、若預測會大跌一波可做買方（買進賣權）果真如預期

　　大跌則獲利皆可達數倍以上。

三、操作賣方可視為買滷肉飯，加碼買方可比喻加滷蛋以

　　小搏大，相得益彰。

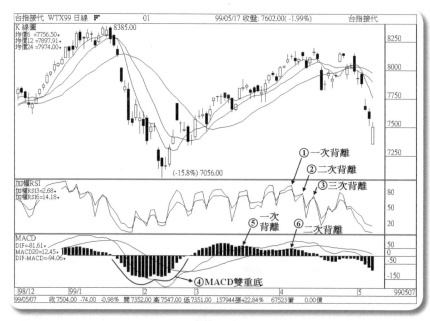

圖4-4

如圖所示：是日線圖，可看出技術指標RSI的多次背離與MACD柱狀體，多次背離與雙重底和雙重頭。

圖中①圖中②圖中③所標示的是RSI的一次、二次、三次背離。

　　　最後指數仍大跌一波。

圖中④所標示的是MACD柱狀體做出雙重底，指數大漲一波。

圖中⑤所標示的是MACD柱狀體在零軸以上，做出一次背離。

圖中⑥所標示的是MACD柱狀體做出二次背離指數仍大跌一波。

操作法則：

一、技術指標出現低檔背離可做多買方（買進買權）。

二、技術指標出現高檔背離可做空買方（買進賣權）。

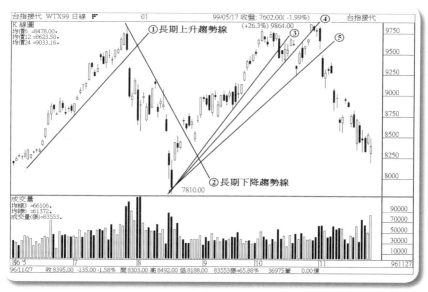

圖4-5

如圖所示：是日線圖，圖中我們畫了長期的趨勢線。當指數跌破長期的上升趨勢線，指數會大跌一波。反之突破長期的下降趨勢線指數會大漲一波。符合大漲、大跌的條件。

圖中①所標示的是長期的上升趨勢線，當指數跌破後，大跌一波。

圖中②所標示的是長期的下降趨勢線，當指數突破後，大漲一波。

圖中③,④,⑤是很陡的上升趨勢線，當指數跌破後也會大跌一波。

操作法則：

一、當指數跌破長期的上升趨勢線時，若無法預知會大跌一波可先做空賣方（賣call），若預期會大跌一波再加空買方（買put）。

二、當指數突破長期的下降趨勢線時，若無法預知會大漲一波可先做多賣方（賣put），若預期會大漲一波再加多買方（買call）。

4-3 買方大漲（價平價外）、大跌（價平價外）的買進時機

前面我們舉了很多範例說明大漲與大跌的條件。當您有能力研判大漲或大跌且很有自信預期指數真的會大漲一波或大跌一波，此時做選擇權價平的賣方一定賺，而且可以加碼買方。

若預期會大漲一波可做多買方（買進買權）的價平或價外

所謂買權的價外是履約價大於現貨價。若履約價大於現貨指數300~500點以上稱做深度價外。

深度價外的優點： 一、權利金少，成本低。

二、獲利無限且數以倍計。

三、風險有限，最大損失權利金而已。

預期會大跌一波可做空買方（買進賣權）的價平或價外

所謂賣權的價外是履約價小於現貨價。若履約價小於現貨指數300~500點以上稱做深度價外。

深度價外的優點： 一、權利金少，成本低。

二、獲利無限且數以倍計。

三、風險有限，最大損失權利金而已。

●若無法預測會漲幅或跌幅的多寡，建議做價平即可。

在下一頁筆者舉一個大跌的實例給讀者參考。我們都先從技術線圖中先研判大漲、大跌、小漲、小跌、盤漲、盤跌等。這六種狀態後，再決定選擇權的操作策略。

圖4-6

如圖所示：是日線圖在99年5月4日完成下跌三寶，且做出三線合一向下預估指數可能會大跌一波，當時指數7900，可做空買方的（買進賣權）且做深度價外履約價7400，獲利4.85倍。

圖中①所標示的是島型反轉下跌。

圖中②所標示的是5月4日完成下跌三寶且做出三線合一向下果然大跌一波。

圖中③所標示的是5月7日回補空單。

●5月4日履約價7400，權利金20點，經過三天5月7日7400履約價的權利金97點。獲利：（ 97 − 20 ） ÷ 20 = 3.85倍，可參閱下一頁的選擇權行情表。

99年5月4日預期大跌做空買方（買進賣權）僅三天獲利4.85倍

99年5月4日深度價外7400履約價權利金20點

買權							賣權					
買價	賣價	成交價	漲跌		單量	總量		買價	賣價	成交價	漲跌	單量	總量
							2010/05						
760	1090	895	▼ 45.0	1	4	◀ 7000 ▶	2.0	2.2	2.2	▼ 1.2	1	2378
670	995	--	--	0	0	◀ 7100 ▶	4.0	4.4	4.0	▼ 1.6	19	2763
620	910	705	▼ 50.0	1	2	◀ 7200 ▶	7.2	7.7	7.8	▼ 0.9	8	7711
422	640	640	▼ 15.0	1	5	◀ 7300 ▶	11.0	12.0	11.5	▼ 1.5	10	9162
488	720	510	▼ 50.0	1	95	◀ 7400 ▶	19.5	20.0	(20.0)	▼ 0.5	1	14940
398	420	415	▼ 48.0	3	53	◀ 7500 ▶	30.5	31.5	31.5	▲ 1.5	1	24453
322	330	330	▼ 46.0	1	140	◀ 7600 ▶	46.0	47.0	46.0	▲ 2.0	1	24732
245	251	245	▼ 52.0	1	1458	◀ 7700 ▶	69	70	70	▲ 6.0	37	31410
180	183	180	▼ 43.0	1	7722	◀ 7800 ▶	101	102	101	▲ 9.0	10	30483
123	124	124	▼ 35.0	1	18850	◀ 7900 ▶	144	146	144	▲ 17.0	7	22193
79	80	80	▼ 27.0	1	32934	◀ 8000 ▶	198	201	202	▲ 27.0	1	9795

99年5月7日7400履約價權利金97點是5月4日的4.85倍

買權							賣權					
買價	賣價	成交價	漲跌		單量	總量		買價	賣價	成交價	漲跌	單量	總量
							2010/05						
520	535	530	▼ 35.0	1	414	◀ 7000 ▶	24.0	24.5	24.5	▲ 13.0	1	58382
437	441	447	▼ 39.0	1	995	◀ 7100 ▶	34.0	34.5	34.5	▲ 18.0	1	40512
350	354	361	▼ 40.0	5	1013	◀ 7200 ▶	48.5	49.0	48.5	▲ 22.0	1	49641
270	273	270	▼ 43.0	3	5157	◀ 7300 ▶	67	69	68	▲ 27.0	1	57386
197	200	200	▼ 41.0	1	23647	◀ 7400 ▶	96	97	(97)	▲ 35.0	3	72451
138	139	139	▼ 31.0	1	51237	◀ 7500 ▶	134	135	135	▲ 44.0	1	45615
86	87	87	▼ 26.0	1	71322	◀ 7600 ▶	182	185	185	▲ 52.0	6	16431
51	52	51	▼ 19.0	10	60216	◀ 7700 ▶	249	250	249	▲ 60.0	2	10714
29.0	29.5	29.5	▼ 10.0	2	63641	◀ 7800 ▶	321	327	326	▲ 65.0	1	5863
14.5	15.5	14.5	▼ 6.5	1	32920	◀ 7900 ▶	405	416	418	▲ 78.0	4	3428
7.9	8.2	8.0	▼ 3.5	3	23650	◀ 8000 ▶	500	505	500	▲ 70.0	1	2061

日期	履約價	賣權（權利金）
5月4日	7400	20
5月7日	7400	97

獲利：（ 97–20 ） ÷ 20 = 3.85倍

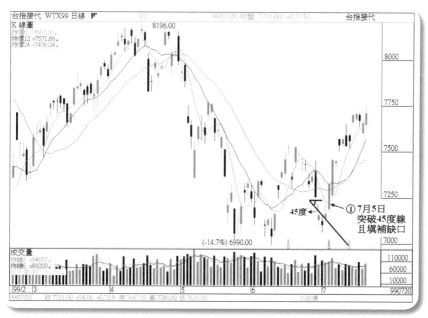

圖4-7

如圖所示：是日線圖在99年7月5日突破45度且填補缺口完
成45度與K線二寶，預估指數會大漲一波。當時指數在
7100，可做多買方的（買進買權）且做深度價外履約價
7600，當時權利金是36點，7月20日結算日前一天平倉，
權利金115點獲利2.19倍。

圖中①所標示的是7月5日突破45度且填補6月30日的缺
　　口，同時K棒也完成上漲一寶，合計二寶，果然上
　　漲一波。

日期	履約價	賣權（權利金）
7月5日	7600	36
7月20日	7600	115

99年7月5日突破45度填補缺口預期大漲做多買方（買進買權）
7月20日高出獲利2.19倍

99年7月5日深度價外7600履約價權利金36點

買權							賣權					
買價	賣價	成交價	漲跌	單量	總量		買價	賣價	成交價	漲跌	單量	總量
						2010/07						
279	288	279	▲ 91.0	4	3762	◀ 7100 ▶	56	57	57	▼ 67.0	3	23316
205	207	207	▲ 72.0	1	19972	◀ 7200 ▶	83	84	83	▼ 87.0	1	20097
144	146	147	▲ 54.0	1	20449	◀ 7300 ▶	118	121	117	▼ 110.0	1	11386
96	97	96	▲ 37.0	9	29584	◀ 7400 ▶	160	172	172	▼ 124.0	8	4765
58	60	60	▲ 25.0	2	35794	◀ 7500 ▶	235	237	236	▼ 143.0	2	2079
35.0	36.0	(36.0)	▲ 15.0	1	21675	◀ 7600 ▶	306	320	305	▼ 152.0	1	286
20.5	21.0	21.0	▲ 9.5	1	14956	◀ 7700 ▶	367	500	397	▼ 158.0	1	90
10.5	11.0	10.5	▲ 4.6	1	11288	◀ 7800 ▶	447	600	498	▼ 157.0	1	7
5.9	6.0	6.0	▲ 3.0	50	7141	◀ 7900 ▶	535	900	625	▼ 105.0	1	4

99年7月20日7600履約價權利金115點是7月5日的2.19倍

買權							賣權					
買價	賣價	成交價	漲跌	單量	總量		買價	賣價	成交價	漲跌	單量	總量
						2010/07						
610	625	615	▲ 60.0	1	183	◀ 7100 ▶	0.1	0.2	0.2	▼ 0.3	27	839
510	530	510	▲ 56.0	1	420	◀ 7200 ▶	0.1	0.2	0.2	▼ 0.5	4	1239
394	417	411	▲ 52.0	1	1083	◀ 7300 ▶	0.2	0.4	0.4	▼ 0.4	20	1406
308	312	312	▲ 53.0	1	3027	◀ 7400 ▶	0.2	0.6	0.6	▼ 1.2	1	5030
206	213	213	▲ 47.0	1	12747	◀ 7500 ▶	1.0	1.1	1.0	▼ 6.6	1	32105
116	117	(115)	▲ 31.0	3	43862	◀ 7600 ▶	5.3	5.4	5.4	▼ 20.1	4	59925
35.0	36.0	36.0	▲ 6.0	10	85136	◀ 7700 ▶	25.0	27.0	25.5	▼ 44.5	1	56144
4.9	5.1	4.9	▼ 1.7	8	59458	◀ 7800 ▶	92	95	92	▼ 56.0	1	21016
0.3	0.5	0.5	▼ 0.5	1	4479	◀ 7900 ▶	183	192	189	▼ 52.0	7	1754

日期	履約價	賣權（權利金）
7月5日	7600	36
7月20日	7600	115

獲利（115 - 36）÷ 36 = 2.19倍

4-4 賣方小漲、小跌的賣出時機

　　根據統計台股或國際股市在一年當中要連續大漲一波或大跌一波的機率不多。換句話說一年之內有三分之二以上的時間指數都處在整理盤。

　　在選擇權中應對整理盤的最佳策略是做賣方。現在我們討論仍在單一操作的範圍，也可以說是單方向的操作。下一個章節才會討論到多空雙向的組合單策略。

若預期大盤指數會漲但漲幅不高，因上檔有壓。

策略：賣方做多（賣出賣權）

　　　優點：1.收受買方的權利金但必須付保證金。

　　　　　　2.不會因時間價值而流失權利金。

　　　缺點：1.獲利有限，僅限於收受買方的權利金。

　　　　　　2.風險無限，因此必須嚴守紀律善設停損。

若預期大盤指數會跌但跌幅不深，因下檔有撐。

策略：賣方做空（賣出買權）

　　　優點：1.收受買方的權利金但必須付保證金

　　　　　　2.不會因時間價值而流失權利金

　　　缺點：1.獲利有限，僅限於收受買方的權利金

　　　　　　2.風險無限，因此必須嚴守紀律善設停損

　　在下頁我們就列舉小漲、小跌的範例給讀者參考。我們還是先看技術線圖再看選擇權的行情表。

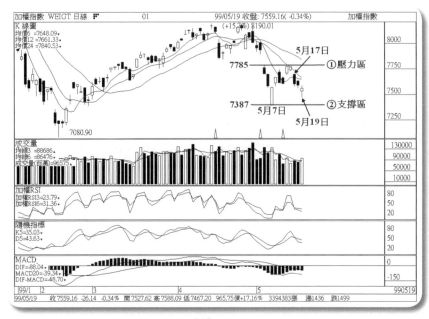

圖4-8

如圖所示：是大盤的日線圖、指數處在缺口下限的位置橫
向整理。壓力區在缺口下限7785附近，支撐區在7387附
近。因此我們設定在支撐區7400或7500的履約價做多（賣
出賣權），在7600或7700的履約價做空（賣出買權）。
圖中①所標示的是壓力區做賣方的空單（賣出買權）。
圖中②所標示的是支撐區做賣方的多單（賣出賣權）。

99年5月7日預期小漲做多賣方（賣出賣權）獲利78.5%

99年5月7日出現負價乖離做短多（履約價7500賣出賣權）

買權							賣權					
買價	賣價	成交價	漲跌		單量	總量		買價	賣價	成交價	漲跌	單量	總量
							2010/05						
520	535	530	▼ 35.0	1	414	◀ 7000 ▶	24.0	24.5	24.5	▲ 13.0	1	58382
437	441	447	▼ 39.0	1	995	◀ 7100 ▶	34.0	34.5	34.5	▲ 18.0	1	40512
350	354	361	▼ 40.0	5	1013	◀ 7200 ▶	48.5	49.0	48.5	▲ 22.0	1	49641
270	273	270	▼ 43.0	3	5157	◀ 7300 ▶	67	69	68	▲ 27.0	1	57386
197	200	200	▼ 41.0	1	23647	◀ 7400 ▶	96	97	97	▲ 35.0	3	72451
138	139	139	▼ 31.0	1	51237	◀ 7500 ▶	134	135	(135)	▲ 44.0	1	45615
86	87	87	▼ 26.0	1	71322	◀ 7600 ▶	182	185	185	▲ 52.0	6	16431
51	52	51	▼ 19.0	10	60216	◀ 7700 ▶	249	250	249	▲ 60.0	2	10714
29.0	29.5	29.5	▼ 10.0	2	63641	◀ 7800 ▶	321	327	326	▲ 65.0	1	5863
14.5	15.5	14.5	▼ 6.5	1	32920	◀ 7900 ▶	405	416	418	▲ 78.0	4	3428
7.9	8.2	8.0	▼ 3.5	3	23650	◀ 8000 ▶	500	505	500	▲ 70.0	1	2061

99年5月7日的多單在5月17日平倉（因缺口壓力大）

買權							賣權					
買價	賣價	成交價	漲跌		單量	總量		買價	賣價	成交價	漲跌	單量	總量
							2010/05						
515	880	595	▼ 175.0	1	24	◀ 7000 ▶	0.2	0.6	0.6	▲ 0.4	2	2493
486	785	473	▼ 197.0	5	48	◀ 7100 ▶	0.9	1.1	1.0	▲ 0.4	1	3210
359	449	406	▼ 164.0	1	232	◀ 7200 ▶	2.0	2.1	2.1	▲ 0.9	1	13057
302	309	307	▼ 154.0	1	905	◀ 7300 ▶	4.7	5.0	5.0	▲ 3.3	10	26124
213	215	214	▼ 146.0	9	3499	◀ 7400 ▶	12.0	12.5	12.5	▲ 9.0	1	48844
129	131	129	▼ 137.0	4	19936	◀ 7500 ▶	28.5	29.0	(29.0)	▲ 20.7	2	72097
63	64	64	▼ 115.0	13	67113	◀ 7600 ▶	61	62	62	▲ 42.5	55	79871
24.0	25.0	24.5	▼ 74.5	1	69978	◀ 7700 ▶	121	123	121	▲ 78.5	10	42670
7.4	7.5	7.4	▼ 37.6	1	50704	◀ 7800 ▶	201	207	202	▲ 115.0	2	13997
2.3	2.4	2.3	▼ 14.7	1	33199	◀ 7900 ▶	299	303	300	▲ 139.0	2	2028
1.0	1.1	1.0	▼ 5.5	1	9624	◀ 8000 ▶	306	405	399	▲ 149.0	1	997

日期	履約價	賣權（權利金）
5月7日	7500	135
5月17日	7500	29

獲利：（135 − 29）÷ 135 = 78.5%

99年5月17日預期小跌做空賣方（賣出買權）獲利100%

99年5月17日做空（因5月5日的缺口壓力大）賣出買權履約價7600

買權							賣權					
買價	賣價	成交價	漲跌	單量	總量		買價	賣價	成交價	漲跌	單量	總量
						2010/05						
515	880	595	▼ 175.0	1	24	◄ 7000 ►	0.2	0.6	0.6	▲ 0.4	2	2493
486	785	473	▼ 197.0	5	48	◄ 7100 ►	0.9	1.1	1.0	▲ 0.4	1	3210
359	449	406	▼ 164.0	1	232	◄ 7200 ►	2.0	2.1	2.1	▲ 0.9	1	13057
302	309	307	▼ 154.0	1	905	◄ 7300 ►	4.7	5.0	5.0	▲ 3.3	10	26124
213	215	214	▼ 146.0	9	3499	◄ 7400 ►	12.0	12.5	12.5	▲ 9.0	1	48844
129	131	129	▼ 137.0	4	19936	◄ 7500 ►	28.5	29.0	29.0	▲ 20.7	2	72097
63	64	(64)	▼ 115.0	13	67113	◄ 7600 ►	61	62	62	▲ 42.5	55	79710
24.0	25.0	24.5	▼ 74.5	1	69978	◄ 7700 ►	121	123	121	▲ 78.5	10	42670
7.4	7.5	7.4	▼ 37.6	1	50704	◄ 7800 ►	201	207	202	▲ 115.0	2	13997
2.3	2.4	2.3	▼ 14.7	1	33199	◄ 7900 ►	299	303	300	▲ 139.0	2	2028
1.0	1.1	1.0	▼ 5.5	1	9624	◄ 8000 ►	306	405	399	▲ 149.0	1	997

99年5月17日的空單在5月19日平倉（因結算日）

買權							賣權					
買價	賣價	成交價	漲跌	單量	總量		買價	賣價	成交價	漲跌	單量	總量
						2010/05						
570	585	550	▼ 55.0	1	9	◄ 7000 ►	--	0.2	0.2	0.0	3	286
471	479	455	▼ 30.0	1	14	◄ 7100 ►	--	0.1	0.1	▼ 0.1	1	226
371	378	374	▼ 33.0	1	226	◄ 7200 ►	--	0.2	0.2	0.0	3	1255
274	276	276	▼ 29.0	1	2345	◄ 7300 ►	--	0.2	0.2	▼ 0.6	1	1447
174	176	176	▼ 44.0	1	21122	◄ 7400 ►	--	0.1	0.1	▼ 2.9	4	34372
74	75	74	▼ 58.0	10	110475	◄ 7500 ►	0.1	0.2	0.2	▼ 11.8	8	116653
--	0.1	(0.1)	▼ 51.9	1	81350	◄ 7600 ►	24.0	24.5	24.0	▼ 10.0	1	76287
	0.2	0.3	▼ 11.7	5	11206	◄ 7700 ►	124	125	125	▲ 32.0	1	12538
--	0.1	0.1	▼ 1.0	1	2609	◄ 7800 ►	224	225	225	▲ 42.0	1	3477
--	0.2	0.2	▼ 0.2	5	1892	◄ 7900 ►	323	327	325	▲ 43.0	25	690
--	0.2	0.2	0.0	10	2086	◄ 8000 ►	425	426	426	▲ 31.0	10	257

日期	履約價	賣權（權利金）
5月17日	7600	64
5月19日	7600	0.1

獲利：（ 64 - 0.1 ） ÷ 64 ＝約100%

4-5　盤漲、盤跌的買賣時機

　　股市永遠都是漲、跌、盤三種變化而判定漲、跌、盤的重要法寶就是股市三寶。當股市三寶完成上漲二寶時是屬於盤整趨漲的格局，完成下跌二寶時是屬於盤整趨跌的格局。

　　股市進入盤整後，未來可能改變成漲勢或跌勢，此時如果能事先看得出來對於操作選擇權就有加分效果。要如何看得出來呢？這與技術分析的功力有關，不過萬一看錯方向也沒關係，只要即時停損改變方向就好了，再厲害的股林高手也有馬失前蹄的時候。

　　股有量、價、勢。勢有漲、跌、盤。在期貨篇裡或《股市三寶》這本書裡有談到量價關係，其中大量的位置不破可視為換手量。我們可以從下一頁圖4-9的大盤日K線圖看出在整理盤的時候出現大量。而此大量的位置並沒有跌破，因此「盤整」完後改變成漲。

　　在K線圖中也可看到如圖4-9所示的盤整趨跌的位置，您會發現指數上漲無量（量價背離）最後改變成跌勢。

●在盤跌（盤整趨跌）的格局操作選擇權仍以賣方為主買方為輔。

操作策略：先做賣方（賣出買權），若確定跌勢再加碼買方（買進賣權）。

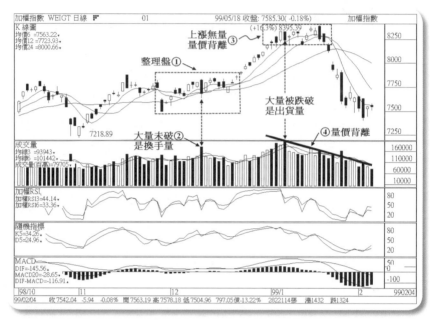

圖4-9

如圖所示：是大盤的日K線圖，從圖中可看出整理盤之後的盤漲格局與盤跌格局。

圖中①所標示的是整理盤（中段整理）。

圖中②所標示的是在整理盤中大量的K棒低點不破可視為換手量，最後整理盤結束後由「盤」改變成「漲」。

圖中③所標示的是高檔整理盤，上漲無量且如圖所示大量那根K棒的低點被跌破是出貨量。

圖中④所標示的是上漲量縮的量價背離最後整理盤結束後由「盤」改變成「跌」。

第五章
選擇權的實戰（組合策略）

重點提示

- ◆ 自救策略
- ◆ 買權的價差策略
- ◆ 賣權的價差策略
- ◆ 勒式組合策略
- ◆ 跨式組合策略

5-1 組合操作策略的六種排列組合

　　組合操作策略是一種多空操作策略，也就是說當大盤方向無法精準的判斷出來，或已經做錯方向但又不願停損只好反方向鎖單以達到自救的方法。

　　前面的章節所分享的是單一操作策略是確定方向後只選擇做多或做空的操作策略。我們說過這種方法必須對大盤的方向掌握得很精準，這對一般的投資人有相對的困難度。好在選擇權有時間價值的特性，因此可透過多空雙向的操作以達到降低風險，甚至反敗為勝的目標。

　　我們知道股有量、價、勢。勢有漲、跌、盤三種變化。為了對應選擇權的組合單，我們把漲、跌、盤三種變化細分為大漲、小漲、大跌、小跌、盤漲、盤跌六種變化。再以選擇權的四種答案套用上去，如此就可提高勝率。

　　所謂選擇權的四種答案就是買方的買進買權、買進賣權和賣方的賣出買權、賣出賣權四種。筆者在上課時習慣以一半中文一半英文來講，即是買call、賣call、買put、賣put四種，買代表買進，賣代表賣出，call代表買權，put代表賣權。

　　就數學的角度來看若四個答案以兩個來做排列組合，則可組合6種或12種。而對選擇權而言只要6種就夠用了。下一頁筆者就把六種排列組合做一個圖表給讀者參考。

六種排列組合

我們以ABCD代表買call、買put、賣call、賣put。

A：買call→趨勢看大漲　　B：買put→趨勢看大跌

C：賣call→趨勢看小跌　　D：賣put→趨勢看小漲

六種排列組合

種類	組合	大盤趨勢	使用時機
AB	買call+買put	大漲、大跌	1.當指數大幅震盪忽上忽下，尤其在結算前時常遇到，或重大消息即將揭曉，如選舉結果等 2.可買價外的call與價外的put應對
AC	買call+賣call	大漲、小跌	1.趨勢大漲小回是一種價差策略 2.可在壓力點短空做賣call
AD	買call+賣put	大漲、小漲	1.趨勢有波段大漲全力做多 2.先做賣put再加碼買call
BC	買put+賣call	大跌、小跌	1.趨勢有波段大跌全力做空 2.先做賣call再加碼買put
BD	買put+賣put	大跌、小漲	1.趨勢大跌小反彈也是一種價差策略 2.可在支撐點短多做賣put
CD	賣call+賣put	小漲、小跌	1.趨勢屬整理盤可多空雙做 2.在壓力區做賣call在支撐區做賣put

●上述六種組合在學理上有些是價差策略有些是混合式策略，如勒式或跨式等。後面章節也會討論到。

5-2 買權自救策略VS買權價差策略

價差策略也是一種自救策略,在期貨篇有提到做錯方向怎麼辦?有三種選擇:1.執行停損退出 2.停損退出後反向操作 3.鎖單操作,選擇權也是如此。

價差策略是鎖單操作的一種,舉個實例說明:

當您在指數7500時看多做(買call),但指數不漲反而跌破7500,趨勢看跌。此時您可做一個空單(賣call)鎖住。而且又能反敗為勝把多單虧損的權利金賺回來。

請問您如何選擇賣call的履約價?到底要選擇高於7500的履約價或低於7500的履約價,才會把做錯的買call救回來,其實您可以看下一頁選擇權的行情表就可找到答案了。

從行情表中您會發現較低於7500履約價的權利金跌幅較大如7400履約價跌201點。7300履約價跌239點…等。較高於7500履約價的權利金跌幅較小。如7600履約價跌157點,7700的履約價跌125點…等。

答案揭曉了!聰明的您就當選擇權較低於7500履約價的(賣call)才救得了7500的買call而且還能反敗為勝。

同樣是買權,一口做多一口做空,或同樣賣權,一口做多一口做空的這種組合單稱之為價差策略。若做在買權稱之為買權的價差策略,若做在賣權稱之為賣權的價差策略。

●買權的價差策略有兩種:買權的多頭價差與買權的空頭價差。
●賣權的價差策略有兩種:賣權的多頭價差與賣權的空頭價差。

本來看多後來看空的自救策略（買權的空頭價差）

　　上一頁所討論的買權的自救策略也是價差策略的一種，上頁所舉的例子是本來在7500看多因為做錯方向，後來翻空，因此必須找低於7500履約價的（賣call）自救才能反敗為勝。

　　這好比在路上被搶就要找一個比歹徒跑得快的人才能追上。

買權的空頭價差

　　從買權的選擇權的行情表中就可看出低於7500履約價的權利金跌幅較大，高於7500履約價的跌幅較小，答案就很清楚了，這種組合單在學理上稱之為：買權的空頭價差。

99年5月5日指數下跌時買權的權利金變化

買價	賣價	成交價	漲跌	單量	總量	履約價	買價	賣價	成交價	漲跌	單量	總量
						2010/05						
575	1000	660	▼ 270.0	1	9	7000	9.3	9.5	9.5	▲ 7.3	2	12950
515	795	590	▼ 240.0	1	21	7100	15.0	15.5	15.0	▲ 11.0	5	10753
469	685	478	▼ 227.0	2	263	7200	23.5	24.5	24.5	▲ 16.7	2	19413
388	403	391	▼ 239.0	1	58	7300	35.5	36.5	35.5	▲ 24.0	6	28640
309	322	309	▼ 201.0	2	261	7400	55	56	55	▲ 35.0	1	45239
236	239	238	▼ 177.0	5	3489	7500	79	81	79	▲ 47.5	25	56954
170	173	173	▼ 157.0	1	7891	7600	115	116	116	▲ 70.0	1	56515
118	120	120	▼ 125.0	1	23810	7700	158	162	160	▲ 90.0	1	40179
77	79	78	▼ 102.0	2	41805	7800	216	221	219	▲ 118.0	3	23836
47.0	47.5	47.0	▼ 77.0	1	51360	7900	282	296	286	▲ 142.0	1	10570
26.5	27.0	26.5	▼ 53.5	6	55121	8000	368	375	373	▲ 171.0	2	7385
15.0	15.5	15.5	▼ 32.0	1	43466	8100	457	463	460	▲ 180.0	4	3414
8.7	8.8	9.0	▼ 17.0	1	35990	8200	545	555	560	▲ 210.0	2	2320
4.7	5.0	4.8	▼ 9.2	1	27061	8300	645	700	650	▲ 215.0	1	492
2.5	2.8	2.7	▼ 4.4	1	13055	8400	700	950	750	▲ 230.0	1	93

●買權的空頭價差：

　　買進較高履約價的買權（買call），同時賣出較低履約價的買權（賣call）。

本來看空後來看多的自救策略（買權的多頭價差）

剛才談的是買權的空頭價差，現再我們在談一談買權的多頭價差，舉個實例說明：

當您在指數7500時看空做（賣call），但指數不跌反而漲過7500，趨勢看漲。這時您可以做一個多單（買call）鎖住，而且又能反敗為勝把空單虧損的權利金賺回來。

請問您如何選擇買call的履約價？到底要選擇高於7500的履約價或低於7500的履約價才會把做錯的賣call救回來。其實您可以看下一頁的選擇權行情表就可找到答案了。

從行情表中您會發現較低於7500履約價的權利金漲幅較大，如7400履約價漲75點。7300履約價的權利金漲90點…等。較高於7500履約價的權利金漲幅較小。如7600履約價漲45點，7700履約價的權利金漲28點…等。

答案揭曉了！聰明的您就當選擇較低於7500履約價的（買call）才救得了7500的賣call，而且還能反敗為勝。

據筆者多年的教學經驗，一般的投資人大都不太了解學理的價差策略，因此筆者才會請學員看行情表來決定做哪一價比較能快速的彌補虧損且倒賺回來，因此才把它取名做「自救策略」，這是一種如佛家講的方便法門。

●從行情表中我們得到一個結論。買權的自救策略皆要選擇低於你手中的履約價，才能反敗為勝。

本來看空後來看多的自救策略（買權的多頭價差）

我們舉的例子是本來在7500看空做（賣call）因為看錯方向後來翻多，因此才要找低於7500履約價的（買call）自救，如此才能反敗為勝。

買權的多頭價差

從買權的選擇權的行情表中就可看出低於7500履約價的權利金漲幅較大，高於7500履約價的權利金漲幅較小，答案就很清楚了，這種組合單在學理上稱之為：買權的多頭價差。

99年5月10日指數上漲時買權的權利金變化

買權							履約價	賣權					
買價	賣價	成交價	漲跌	單量	總量			買價	賣價	成交價	漲跌	單量	總量
							2010/05						
468	795	640	▲ 110.0	1	134	◀	7000 ▶	6.5	6.6	6.5	▼ 18.0	3	22126
515	750	550	▲ 103.0	1	172	◀	7100 ▶	10.5	11.0	11.0	▼ 23.5	5	18888
444	510	453	▲ 92.0	2	886	◀	7200 ▶	16.5	17.0	16.5	▼ 32.0	1	19622
361	414	360	▲ 90.0	8	1572	◀	7300 ▶	25.5	26.0	26.0	▼ 42.0	3	29587
275	280	275	▲ 75.0	1	4207	◀	7400 ▶	40.0	40.5	40.0	▼ 57.0	1	31512
196	200	199	▲ 60.0	1	14833	◀	7500 ▶	61	62	62	▼ 73.0	1	27167
130	132	132	▲ 45.0	1	40350	◀	7600 ▶	93	94	93	▼ 92.0	1	18357
78	80	79	▲ 28.0	2	45950	◀	7700 ▶	140	143	142	▼ 107.0	2	6908
41.5	42.0	42.0	▲ 12.5	4	40771	◀	7800 ▶	201	207	207	▼ 119.0	1	3340
19.5	20.5	20.0	▲ 5.5	1	21921	◀	7900 ▶	282	285	285	▼ 133.0	3	2338
9.2	9.6	9.6	▲ 1.6	2	15249	◀	8000 ▶	370	374	375	▼ 125.0	3	4245
3.8	3.9	3.9	▼ 0.5	40	7568	◀	8100 ▶	464	487	472	▼ 118.0	4	251
2.0	2.3	2.3	▼ 0.6	6	8820	◀	8200 ▶	500	580	565	▼ 115.0	1	43
1.0	1.1	1.1	▼ 1.1	1	3506	◀	8300 ▶	465	1080	685	▼ 105.0	4	66
0.6	0.8	0.8	▼ 0.6	20	1504	◀	8400 ▶	550	1180	780	▼ 105.0	1	15

●買權的多頭價差：

賣出較高履約價的買權（賣call），同時買進較低履約價的買權（買call）

5-3 賣權自救策略VS賣權價差策略

上一節我們談的是買權的自救策略，也可說是買權的價差策略，有買權的多頭價差與買權的空頭價差。

本節所談的是賣權的自救策略，也可說是賣權的價差策略，賣權的價差策略也有兩種：賣權的多頭價差與賣權的空頭價差。

價差策略是鎖單操作的一種，舉個實例說明：

當您在指數7700時看多做（賣put），但方向看錯指數不漲反而跌破7700，趨勢看跌。此時您可做一個空單（買put）鎖住。不但可以避免虧損擴大還可反敗為勝把虧損的權利金賺回來。

請問您如何選擇買put的履約價？到底要選擇高於7700的履約價或低於7700的履約價才會把做錯的賣put救回來。

其實您只要看下一頁選擇權行情表就可找到答案了。從選擇權行情表中您會發現：

較高於7700履約價的權利金漲幅較大（因為指數下跌賣權的權利金是上漲的）。如7800履約價漲118點。7900履約價漲142點…等。

較低於7700履約價的漲幅較小。如7600履約價漲70點，7500的履約價漲47.5點…等。

答案揭曉了！聰明的您就當選擇權高於7700履約價的（買put）才救得了7700的賣put而且還能反敗為勝。

本來看多後來看空的自救策略（賣權的空頭價差）

現在可以來看一看本來在7700看多做（賣put），因為看錯方向後來翻空，因此才要找高於7700履約價的（買put）自救，如此才會反敗為勝。

賣權的空頭價差

從賣權的選擇權的行情表中就可看出高於7700履約價的權利金漲幅較大，低於7700履約價的漲幅較小，答案就很清楚了，這種組合單在學理上稱之為：賣權的空頭價差。

99年5月5日指數下跌賣權的權利金變化

買權							賣權					
買價	賣價	成交價	漲跌	單量	總量			買價	賣價	成交價	漲跌	單量	總量
						2010/05							
575	1000	660	▼ 270.0	1	9	◄ 7000 ►	9.3	9.5	9.5	▲ 7.3	2	12950
515	795	590	▼ 240.0	1	21	◄ 7100 ►	15.0	15.5	15.0	▲ 11.0	5	10753
469	685	478	▼ 227.0	2	263	◄ 7200 ►	23.5	24.5	24.5	▲ 16.7	2	19413
388	403	391	▼ 239.0	1	58	◄ 7300 ►	35.5	36.5	35.5	▲ 24.0	6	28640
309	322	309	▼ 201.0	2	261	◄ 7400 ►	55	56	55	▲ 35.0	1	45239
236	239	238	▼ 177.0	5	3489	◄ 7500 ►	79	81	79	▲ 47.5	25	56954
170	173	173	▼ 157.0	1	7891	◄ 7600 ►	115	116	116	▲ 70.0	1	56515
118	120	120	▼ 125.0	1	23810	◄ 7700 ►	158	162	160	▲ 90.0	1	40179
77	79	78	▼ 102.0	2	41805	◄ 7800 ►	216	221	219	▲ 118.0	3	23836
47.0	47.5	47.0	▼ 77.0	1	51360	◄ 7900 ►	282	296	286	▲ 142.0	1	10570
26.5	27.0	26.5	▼ 53.5	6	55121	◄ 8000 ►	368	375	373	▲ 171.0	2	7385
15.0	15.5	15.5	▼ 32.0	1	43466	◄ 8100 ►	457	463	460	▲ 180.0	4	3414
8.7	8.8	9.0	▼ 17.0	1	35990	◄ 8200 ►	545	555	560	▲ 210.0	2	2320
4.7	5.0	4.8	▼ 9.2	1	27061	◄ 8300 ►	645	700	650	▲ 215.0	1	492
2.5	2.8	2.7	▼ 4.4	1	13055	◄ 8400 ►	700	950	750	▲ 230.0	1	93

●賣權的空頭價差：

賣出較低履約價的賣權（賣put），同時買進較高履約價的賣權（買put）

本來看空後來看多的自救策略（賣權的多頭價差）

　　剛才舉的例子是賣權的空頭價差。現再我們再舉一個實例是賣權的多頭價差。

舉個實例說明：

　　當您在指數7700看空做（買put），但方向看錯指數不跌反而漲過7700，趨勢看漲。此時您可做一個多單（賣put）鎖住。不但可以避免虧損擴大還可反敗為勝把虧損的權利金賺回來。

　　請問您如何選擇賣put的履約價？到底要選擇高於7700的履約價或低於7700的履約價才會把做錯的買put救回來。

　　其實您只要看下一頁選擇權行情表就可找到答案了。從選擇權行情表中您會發現：

　　較高於7700履約價的權利金跌幅較大（因為指數上漲賣權的權利金是下跌的）。如7800履約價權利金跌119點。7900履約價的權利金跌133點…等。

　　較低於7700履約價的跌幅較小。如7600履約價權利金跌92點，7500履約價的權利金跌73點…等。

　　答案揭曉了！聰明的您就當選擇權高於7700履約價的（賣put）才救得了7700的買put而且還能反敗為勝。

●從行情表中我們得到一個結論。賣權的自救策略皆要選擇高於你手中的履約價，才能反敗為勝。

本來看空後來看多的自救策略（賣權的多頭價差）

現在可以看一看本來在指數7700看空做（買put），因為看錯方向後來翻多，因此才會找高於7700履約價的（賣put）自救，如此才會反敗為勝。

賣權的多頭價差

從選擇權行情表中就可看出高於7700履約價的權利金跌幅較大，低於7700履約價的權利金跌幅較小，答案就很清楚了，這種組合單在學理上稱之為：賣權的多頭價差。

99年5月10日指數上漲賣權的權利金變化

買權							賣權					
買價	賣價	成交價	漲跌	單量	總量		買價	賣價	成交價	漲跌	單量	總量
						2010/05						
468	795	640	▲ 110.0	1	134	◄ 7000 ►	6.5	6.6	6.5	▼ 18.0	3	22126
515	750	550	▲ 103.0	1	172	◄ 7100 ►	10.5	11.0	11.0	▼ 23.5	5	18888
444	510	453	▲ 92.0	2	886	◄ 7200 ►	16.5	17.0	16.5	▼ 32.0	1	19622
361	414	360	▲ 90.0	8	1572	◄ 7300 ►	25.5	26.0	26.0	▼ 42.0	3	29587
275	280	275	▲ 75.0	1	4207	◄ 7400 ►	40.0	40.5	40.0	▼ 57.0	1	31512
196	200	199	▲ 60.0	1	14833	◄ 7500 ►	61	62	62	▼ 73.0	1	27167
130	132	132	▲ 45.0	1	40350	◄ 7600 ►	93	94	93	▼ 92.0	1	18357
78	80	79	▲ 28.0	2	45950	◄ 7700 ►	140	143	142	▼ 107.0	2	6908
41.5	42.0	42.0	▲ 12.5	4	40771	◄ 7800 ►	201	207	207	▼ 119.0	1	3340
19.5	20.5	20.0	▲ 5.5	1	21921	◄ 7900 ►	282	285	285	▼ 133.0	3	2338
9.2	9.6	9.6	▲ 1.6	2	15249	◄ 8000 ►	370	374	375	▼ 125.0	3	4245
3.8	3.9	3.9	▼ 0.5	40	7568	◄ 8100 ►	464	487	472	▼ 118.0	4	251
2.0	2.3	2.3	▼ 0.6	6	8820	◄ 8200 ►	500	580	565	▼ 115.0	1	43
1.0	1.1	1.1	▼ 1.1	1	3506	◄ 8300 ►	465	1080	685	▼ 105.0	4	66
0.6	0.8	0.8	▼ 0.6	20	1504	◄ 8400 ►	550	1180	780	▼ 105.0	1	15

●賣權的多頭價差：

買進較低履約價的賣權（買put），同時賣出較高履約價的賣權（賣put）

5-4 四種價差策略

我們講完買權與賣權的四種價差策略不知道各位讀者是否發現無論我們在選擇權做多或做空，萬一做錯方向都有自救的方法。買權做錯用買權來救，賣權做錯用賣權來救，這就是價差策略。**而且買權要用較低的履約價來救。賣權則要用較高的履約價來救。**

我們說過價差策略是一種不得已的方法，若能看準方向則使用單一策略利潤較高，在這裡我再把這四種策略整理一遍，讀者更了解它使用的時機與策略。

四種價差策略	趨勢狀態	操作策略的組合單
買權的多頭價差	指數偏多但上檔有壓	1.賣出較高履約價的買權（賣call） 2.同時買進較低履約價的買權（買call）
買權的空頭價差	指數偏空但下檔有撐	1.買進較高履約價的買權（買call） 2.同時賣出較低履約價的買權（賣call）
賣權的多頭價差	指數偏多但上檔有壓	1.買進較低履約價的賣權（買put） 2.同時賣出較高履約價的賣權（賣put）
賣權的空頭價差	指數偏空但下檔有撐	1.賣出較低履約價的賣權（賣put） 2.同時買進較高履約價的賣權（買put）

5-5 混合式操作策略

　　前面所談的是價差策略，價差策略的特性是買權與買權或賣權與賣權同類型的組合。

　　現在要談的是混合式操作策略其特性是買權與賣權不同類型的組合。這種組合稱為混合式操作策略。

　　混合式操作策略主要的目的也是多空操作賺取價差，對買方而言因為有時間價值的問題，因此操作買方的混合式策略必須研判指數的震盪幅度大，才有利潤。操作賣方的混合式組合單成功率較高，主要是賣方收受買方的權利金，可賺取買方因時間價值所流失的權利金。

　　混合式操作的使用時機大都在指數進入整理盤的時候所採取的應對策略。在支撐區做多，在壓力區做空。

買方混合式	優點	一、成本低風險小只付權利金。 二、最大損失是買權與賣權的權利金。
	缺點	一、必須指數大幅震盪才有利潤。 二、成功率低。
賣方混合式	優點	一、指數短時間波動不大就有利可圖。 二、成功率高。
	缺點	一、成本高必須繳保證金。 二、風險無限要注意停損或自救。

選擇權組合策略有多種策略也有多種名稱如價差策略、勒式策略、跨式策略、蝶式策略、鷹式策略、轉換、逆轉策略、期權策略…等。若非專業人士不是一般投資人所能了解的。

換言之投資人看得霧煞煞，做得團團轉，最後還是賠錢。所以在結算日時常常聽到投資朋友說又吃龜苓膏了。

我們建議投資人學會常用的4~6招就可以，不必每一招都學反而亂了套。最重要的還是先把大盤的方向：漲、跌、盤搞清楚。也就是先學會判定大盤漲、跌、盤的轉折點，利用其轉折點出手操作勝算最大。而股市三寶是判定漲、跌、盤的不二法門，也是最佳工具務必學會。

本書對於組合單的操作策略建議以價差策略與勒式操作為主，而勒式操作也以賣出勒式為優先，雖然風險較大但成功率高。下一節即將分享勒式與跨式的組合單操作策略。

勒式操作策略有兩種	一、買進勒式 二、賣出勒式
跨式操作策略有兩種	一、買進跨式 二、賣出跨式

5-6 勒式組合策略

勒式操作也是一種組合單的操作策略

勒式操作的定義： 一、必須一口買權，一口賣權的組合。

二、兩口的履約價不同。

勒式組合單可分為買進勒式與賣出勒式兩種

買進勒式： 是指買方的買進買權與買進賣權且履約價不同的組合單。

賣出勒式： 是指賣方的賣出買權與賣出賣權且履約價不同的組合單。

買進勒式的使用時機：

預期指數在近期或到期日之前會有重大的變化如國內外消息面的利多或利空，使指數大漲或大跌採取買方不同履約價的買權與賣權組合單操作。此種組合單只付權利金成本較低風險有限，指數必須有大波動才會獲利。

賣出勒式的使用時機：

預期指數變化不大會在一個區間整理待變，換言之上有壓力，下有支撐。在預估的壓力與支撐採取賣方不同履約價的買權與賣權組合單操作。此種組合單須繳保證金成本較高、風險較大，但只要指數變化不大就可賺取時間價值的利差。

我們從買進勒式的使用時機就可知道此種組合單是用在買方的買進買權和買進賣權，雖然成本較低但是指數若無大漲或大跌不易獲利。因為大部份買權與賣權都做在價外，價外的成本較低，若有虧損也較少，若逢大漲、大跌，雖然有一方虧損但虧損不大，最多只是權利金，但另一方的大賺。

因此預估指數在近期或結算日前夕有大波動時皆可採取這種策略。筆者走筆至今剛好遇到南韓的天安艦被北韓擊沉，兩國劍拔弩張就可採取買進勒式的操作策略。

現在我們舉幾個買進勒式的實例：

如下一頁的期貨K線圖研判在5月份結算日（5月19日）之前缺口下限壓力7700，支撐點在5月7日的7300。

操作策略如下：（買方的買進勒式）

一、於5月7日在支撐區7300履約價做多（買進買權），當時的權利金是270點（請看選擇權5月7日的行情表）。

二、於5月14日在壓力區7700的履約價做空（買進賣權），當時的權利42.5點（請看選擇權5月14日的行情表）。

三、兩口組合單所支付的權利金270點＋42.5點＝312.5點。

四、於5月19日結算日時，買進買權的權利金276點，買進賣權的權利金125點，合計276＋125＝401點（請看選擇權5月19日的行情表）。

五、此組買進勒式在結算日時獲利401－312.5點＝88.5點（不計手續費）。

圖5-1

如圖所示：預估5月份結算日之前日會在壓力區7700與支撐區7300區間整理。因此採取買進勒式操作策略。

●在履約價7300支撐區的位置做多（買進買權）權利金270點。

●在履約價7700壓力區的位置做空（買進賣權）權利金42.5點。

●5月19日的結算日指數剛好在此區間，而7300履約價買進買權的權利金276點，7700履約價買進賣權的權利金125點，合計401點。

●此組買方（買進勒式）的組合單獲利401 -（ 270 + 42.5 ）= 88.5點。

圖中①所標示的是壓力區7700。

圖中②所標示的是支撐區7300。

買進勒式5月7日與5月14日的行情表

上圖是支撐區7300履約價買進買權行情表，支付權利金270點。

下圖是壓力區7700履約價買進賣權行情表，支付權利金42.5點。此兩口組合單合計支付權利金：270點 + 42.5點 = 312.5點。

99年5月7日在支撐區7300履約價做買進買權的行情表

買權							賣權					
買價	賣價	成交價	漲跌	單量	總量		買價	賣價	成交價	漲跌	單量	總量
						2010/05						
520	535	530	▼ 35.0	1	414	◄ 7000 ►	24.0	24.5	24.5	▲ 13.0	1	58382
437	441	447	▼ 39.0	1	995	◄ 7100 ►	34.0	34.5	34.5	▲ 18.0	1	40512
350	354	361	▼ 40.0	5	1013	◄ 7200 ►	48.5	49.0	48.5	▲ 22.0	1	49641
270	273	270	▼ 43.0	3	5157	◄ 7300 ►	67	69	68	▲ 27.0	1	57386
197	200	200	▼ 41.0	1	23647	◄ 7400 ►	96	97	97	▲ 35.0	3	72451
138	139	139	▼ 31.0	1	51237	◄ 7500 ►	134	135	135	▲ 44.0	1	45615
86	87	87	▼ 26.0	1	71322	◄ 7600 ►	182	185	185	▲ 52.0	6	16431
51	52	51	▼ 19.0	10	60216	◄ 7700 ►	249	250	249	▲ 60.0	2	10714
29.0	29.5	29.5	▼ 10.0	2	63641	◄ 7800 ►	321	327	326	▲ 65.0	1	5863
14.5	15.5	14.5	▼ 6.5	1	32920	◄ 7900 ►	405	416	418	▲ 78.0	4	3428
7.9	8.2	8.0	▼ 3.5	3	23650	◄ 8000 ►	500	505	500	▲ 70.0	1	2061

99年5月14日在壓力區7700履約價做買進賣權的行情表

買權						賣權				
買價	賣價	成交價	漲跌	總量		買價	賣價	成交價	漲跌	總量
					2010/05					
264	267	266	-12	2948	7500	8.2	8.4	8.3	-4.7	2636
177	179	179	-11	12231	7600	19	19.5	19.5	-6	32231
99	100	99	-13	39487	7700	42	42.5	42.5	-7	32001
45	45.5	45	-11	47548	7800	85	87	87	-5	15021
17	17.5	17	-6	35348	7900	159	162	161	1	320

買進勒式5月19日結算日的行情表

99年5月19日（結算日）買權7300與賣權7700的權利金行情表

買權							賣權					
買價	賣價	成交價	漲跌	單量	總量		買價	賣價	成交價	漲跌	單量	總量
						2010/05						
570	585	550	▼ 55.0	1	9	◀ 7000 ▶	--	0.2	0.2	0.0	3	286
471	479	455	▼ 30.0	1	14	◀ 7100 ▶	--	0.1	0.1	▼ 0.1	1	226
371	378	374	▼ 33.0	1	226	◀ 7200 ▶	--	0.2	0.2	0.0	3	1255
274	276	276	▼ 29.0	1	2345	◀ 7300 ▶	--	0.2	0.2	▼ 0.6	1	1447
174	176	176	▼ 44.0	1	21122	◀ 7400 ▶	--	0.1	0.1	▼ 2.9	4	34372
74	75	74	▼ 58.0	10	110475	◀ 7500 ▶	0.1	0.2	0.2	▼ 11.8	8	115653
--	0.1	0.1	▼ 51.9	1	81350	◀ 7600 ▶	24.0	24.5	24.0	▼ 10.0	1	75287
	0.2	0.3	▼ 11.7	5	11206	◀ 7700 ▶	124	125	125	▲ 33.0	1	12538
--	0.1	0.1	▼ 1.0	1	2609	◀ 7800 ▶	224	225	225	▲ 42.0	1	3477
--	0.2	0.2	▼ 0.2	5	1892	◀ 7900 ▶	325	327	325	▲ 43.0	25	690
--	0.2	0.2	0.0	10	2086	◀ 8000 ▶	425	426	426	▲ 31.0	10	257
--	0.1	0.1	0.0	1	569	◀ 8100 ▶	525	535	525	▲ 15.0	2	65
--	0.2	0.1	0.0	1	853	◀ 8200 ▶	620	635	655	▲ 45.0	1	59
--	0.1	0.1	0.0	1	191	◀ 8300 ▶	720	730	720	▲ 35.0	1	20
--	0.1	0.1	0.0	1	209	◀ 8400 ▶	820	835	825	▲ 15.0	2	2

如圖表所示5月19日結算日買權的權利金276點，賣權的權
利金125點，合計：276點 + 125點 = 401點。

我們舉例買進勒式操作策略在7300與7700履約價的組合單
所支付的權利金是270 + 42.5 = 312.5點。

此組買進勒式的組合單到結算日5月19日獲利401點 - 312.5
點 = 88.5點。

●組合單不一定每次都成功，這與您預測壓力與支撐準確
　度有關。

●若在結算前有獲利也可拆開組合單先行獲利出場。

●若有一方虧損也可利用先前我們分享的價差策略（自救
　策略）反敗為勝。

●通常我們會建議做賣出勒式成功率較高，因為買進勒式
　易受時間價值的影響權利金容易流失。

賣出勒式

賣出勒式的使用時機在於區間整理盤可預設壓力區與支撐區，再採取賣方的賣出勒式組合。賣出勒式是指賣方的賣出買權（做空）與賣出賣權（做多）的組合單，而且履約價需不同。如果相同履約價就是跨式組合單。

我們還是以前面所談的買進勒式其範例改成賣出勒式的範例給讀者參考。

我們仍然以圖（5-1）的K線圖所標的壓力區7700與支撐區7300的履約價做賣出勒式的組合單。

操作策略如下：（賣方的賣出勒式）

一、於5月7日在支撐區7300履約價做多（賣出賣權），當時的權利金是68點（請看下頁選擇權的行情表）。

二、於5月14日在壓力區7700履約價做空（賣出買權），當時的權利金是99點（請看下頁選擇權的行情表）。

三、兩口組合單所收受的權利金68點＋99點＝167點。

四、於5月19日結算日時，賣出賣權的權利金只剩0.2點，賣出買權的權利金只剩0.3點，合計0.2＋0.3＝0.5點（請看選擇權5月19日的行情表）。

五、此組賣出勒式在結算日時獲利167點－0.5點＝166.5點。

●此組賣出勒式比起前面買進勒式的利潤較高。主因是買進勒式的組合是買方，而買方的權利金易受時間價值而流失。

賣出勒式5月7日與5月14日的行情表

上圖是支撐區7300履約價賣出賣權的行情表，收受權利金68點。下圖是壓力區7700履約價賣出買權的行情表，收受權利金99點。此兩口組合單合計收取權利金167點。

99年5月7日支撐區7300履約價做賣出賣權的行情表

買權							賣權					
買價	賣價	成交價	漲跌	單量	總量			買價	賣價	成交價	漲跌	單量	總量
						2010/05							
520	535	530	▼ 35.0	1	414	◀ 7000 ▶	24.0	24.5	24.5	▲ 13.0	1	58382
437	441	447	▼ 39.0	1	995	◀ 7100 ▶	34.0	34.5	34.5	▲ 18.0	1	40512
350	354	361	▼ 40.0	5	1013	◀ 7200 ▶	48.5	49.0	48.5	▲ 22.0	1	49641
270	273	270	▼ 43.0	3	5157	◀ 7300 ▶	67	69	(68)	▲ 27.0	1	57386
197	200	200	▼ 41.0	1	23647	◀ 7400 ▶	96	97	97	▲ 35.0	3	72451
138	139	139	▼ 31.0	1	51237	◀ 7500 ▶	134	135	135	▲ 44.0	1	45615
86	87	87	▼ 26.0	1	71322	◀ 7600 ▶	182	185	185	▲ 52.0	6	16431
51	52	51	▼ 19.0	10	60216	◀ 7700 ▶	249	250	249	▲ 60.0	2	10714
29.0	29.5	29.5	▼ 10.0	2	63641	◀ 7800 ▶	321	327	326	▲ 65.0	1	5863
14.5	15.5	14.5	▼ 6.5	1	32920	◀ 7900 ▶	405	416	418	▲ 78.0	4	3428
7.9	8.2	8.0	▼ 3.5	3	23650	◀ 8000 ▶	500	505	500	▲ 70.0	1	2061

99年5月14日在壓力區7700履約價做賣出買權的行情表

買權						賣權				
買價	賣價	成交價	漲跌	總量		買價	賣價	成交價	漲跌	總量
					2010/05					
264	267	266	-12	2948	7500	8.2	8.4	8.3	-4.7	2636
177	179	179	-11	12231	7600	19	19.5	19.5	-6	32231
99	100	(99)	-13	39487	7700	42	42.5	42.5	-7	32001
45	45.5	45	-11	47548	7800	85	87	87	-5	15021
17	17.5	17	-6	35348	7900	159	162	161	1	320

賣出勒式5月19日結算日的行情表

99年5月19日（結算日）買權7300與賣權7700的權利金行情表

買權						履約價	賣權					
買價	賣價	成交價	漲跌	單量	總量		買價	賣價	成交價	漲跌	單量	總量
						2010/05						
570	585	550	▼55.0	1	9	◀ 7000 ▶	--	0.2	0.2	0.0	3	286
471	479	455	▼30.0	1	14	◀ 7100 ▶	--	0.1	0.1	▼0.1	1	226
371	378	374	▼33.0	1	226	◀ 7200 ▶	--	0.2	0.2	0.0	1	1255
274	276	276	▼29.0	1	2345	◀ 7300 ▶	--	0.2	(0.2)	▼0.6	1	1447
174	176	176	▼44.0	1	21122	◀ 7400 ▶	--	0.1	0.1	▼2.9	4	34372
74	75	74	▼58.0	10	110475	◀ 7500 ▶	0.1	0.2	0.2	▼11.8	8	115653
--	0.1	0.1			81350	◀ 7600 ▶	24.0	24.5	24.0	▼10.0	1	76287
--	0.2	(0.3)	▼11.7	5	11206	◀ 7700 ▶	124	125	125	▲32.0	1	12538
--	0.1	0.1	▼1.0	1	2609	◀ 7800 ▶	224	225	225	▲42.0	1	3477
--	0.2	0.2	▼0.2	5	1892	◀ 7900 ▶	325	327	325	▲43.0	25	690
--	0.2	0.2	0.0	10	2086	◀ 8000 ▶	425	426	426	▲31.0	10	257
--	0.1	0.1	0.0	1	569	◀ 8100 ▶	525	535	525	▲15.0	2	65
--	0.2	0.1	0.0	1	853	◀ 8200 ▶	620	635	655	▲45.0	1	59

如圖表所示5月19日結算日買權的權利金0.3點，賣權的權利金0.2點，合計：0.3點 + 0.2點 = 0.5點。

我們舉例賣出勒式操作策略在7300與7700履約價的組合單所收受的權利金是167點。

此組賣出勒式的組合單到結算日5月19日獲利167點 - 0.5點 = 166.5點。

● 組合單不一定每次都成功，這與您預測壓力與支撐的準確度有關。

● 若在結算前有獲利也可拆開組合單先行獲利出場。

● 因賣方是收取權利金因此當結算日指數收在我們預測的壓力與支撐之間，則權利金可幾乎全數賺到。

● 若有一方虧損也可利用價差策略（自救策略）反敗為勝。

5-7 跨式操作策略

上一節我們所談的是勒式操作，本節所要談的是跨式操作。跨式操作也是組合單的一種。

跨式操作的定義：

一、必須是一口買權、一口賣權的組合。

二、兩口的履約價相同。

跨式組合單可分為買進跨式與賣出跨式兩種

買進跨式： 是指買方的買進買權與買進賣權且履約價相同的組合單。

賣出跨式： 是指賣方的賣出買權與賣出賣權且履約價相同的組合單。

買進跨式的使用時機：

買進跨式與買進勒式的使用時機很雷同，只是跨式的履約價相同，勒式的履約價不同。買進跨式是在同一個履約價做多（買進買權）與做空（買進賣權）。此時必須指數出現大漲或大跌則一方大賺，一方只賠權利金，相減之下仍可獲利。

賣出跨式的使用時機：

賣出跨式與賣出勒式的使用時機很雷同，只是賣出跨式的履約價相同。當指數處在整理盤的時候賣出跨式是收買方的權利金，由於整理盤買方的權利金因時間價值而流失。換句話說賣方（賣出跨式）等於是賺時間價值的利潤。

271

買進跨式

現在我們舉個買方的買進跨式的例子給各位讀者參考。先從圖（5-2）K線圖來看，在99年5月7日與5月20日可視為頸線位置約7300。假設我們就技術面來看可能打出雙腳向上再挑戰5月5日的缺口位置約7700，有大漲機會。就消息面分析南韓與北韓天安艦事情可能爆發軍事衝突，有可能導致指數大跌，破7300。

基於以上分析我們決定以5月20日指數7300頸線的位置做履約價。換言之在同一個履約價7300做一口買進買權與一口買進賣權，這種組合單稱做買進跨式。

從5月20日的選擇權行情表中可看出：

履約價7300買進買權的權利金：266點

履約價7300買進賣權的權利金：220點

經過三個交易日後因南韓與北韓隔空放話，國際股市重挫，台股也受到波及，指數跌到7000點附近，再看一看5月25日的行情表。

從5月25日的選擇權行情表中可看出：

履約價7300買進買權的權利金：98點

履約價7300買進賣權的權利金：334點

買進買權虧損：98點 - 266點 ＝ -168點

買進賣權獲利：334點 - 220點 = 114點

合計虧損-168 + 114 = -54點

●虧損原因是因為買方有時間價值流失權利金的壓力。

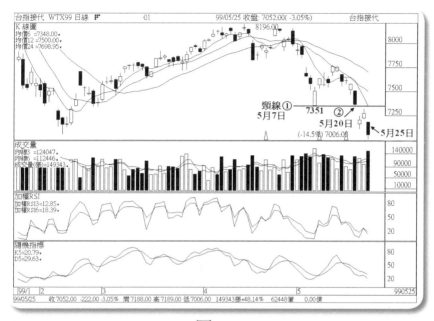

圖5-2

如圖所示：99年5月7日與5月20日有可能打出雙腳反彈到
缺口7700，也有可能指跌破7300下跌7000點的前波低點。
因此做一組買進跨式，或一組賣出跨式。買進跨式所虧損
的權利金就是賣出跨式所賺的權利金。

通常我們會建議做賣出跨式成功率較高，因為買進跨式會
受時間價值的影響，使得權利金容易流失，尤其越接近結
算日流失越快。

圖中①所標示的是頸線位置7351。

圖中②所標示的是5月20日的指數位置。

上圖是99年5月20日選擇權的行情表。可看出7300履約價
買進買權的權利金266點，買進賣權的權利金220點。

買權						賣權				
買價	賣價	成交價	漲跌	總量		買價	賣價	成交價	漲跌	總量
					2010/05					
362	407	401	-84	193	7100	135	137	137	34	15430
287	340	327	-82	1689	7200	169	170	170	40	2230
265	270	266	-74	2199	7300	204	220	220	61	14
206	212	206	-71	4648	7400	247	250	247	52	12 6
160	163	160	-62	9780	7500	297	302	294	58	6

下圖是99年5月25日選擇權的行情表。可看出7300履約價
買進買權的權利金98點，買進賣權的權利金334點。

買權							賣權					
買價	賣價	成交價	漲跌	單量	總量		買價	賣價	成交價	漲跌	單量	總量
						2010/06						
374	380	377	▼ 173.0	1	840	◁ 6800 ▷	112	113	113	▲ 52.0	2	52275
307	311	310	▼ 145.0	1	693	◁ 6900 ▷	143	145	144	▲ 61.0	2	22763
243	247	242	▼ 138.0	3	2039	◁ 7000 ▷	179	181	180	▲ 74.0	1	22826
186	188	187	▼ 122.0	10	4806	◁ 7100 ▷	221	223	223	▲ 89.0	1	15254
138	139	139	▼ 104.0	1	13111	◁ 7200 ▷	271	275	273	▲ 106.0	5	12899
97	98	98	▼ 86.0	1	23482	◁ 7300 ▷	330	334	334	▲ 125.0	1	6495
66	67	66	▼ 69.0	4	23371	◁ 7400 ▷	398	403	402	▲ 143.0	15	2334
42.0	43.0	42.0	▼ 52.0	1	28715	◁ 7500 ▷	475	479	481	▲ 163.0	1	1427
25.0	26.0	25.5	▼ 34.5	33	33180	◁ 7600 ▷	560	565	570	▲ 183.0	5	612
14.5	15.5	15.0	▼ 23.5	1	34098	◁ 7700 ▷	645	655	650	▲ 187.0	1	404
8.8	9.0	9.0	▼ 13.0	20	20655	◁ 7800 ▷	740	750	745	▲ 195.0	1	306

賣出跨式

　　賣出跨式與買進跨式剛好相反。買進跨式是屬於買方，賣出跨式是屬於賣方。

　　買方是支付權利金，賣方是收受買方的權利金。若無法判斷大漲或大跌的情況下最好做賣方比較安全。

　　賣出跨式是在相同的履約價做一口賣出買權與一口賣出賣權的組合單。

　　我們就以剛才的例子圖（5-2）說明，同樣在7300履約價做賣出跨式，可參考上一頁5月20日與5月25日的選擇權行情表。

從5月20日的選擇權行情表可看出：

　　履約價7300賣出買權的權利金：266點

　　履約價7300賣出賣權的權利金：220點

　　經過三個交易日後

從5月25日的選擇權行情表可看出：

　　履約價7300賣出買權的權利金：98點

　　履約價7300賣出賣權的權利金：334點

　　賣出買權獲利：266點 - 98點 = 168點

　　賣出賣權虧損：220點 - 334點 = -114點

　　合計獲利168 – 114 = 54點

●獲利的原因是賣方可賺到時間價值。

第六章
損益平衡點的計算、圖形與策略

重點提示

◆ 買方的損益平衡點與操作策略

◆ 賣方的損益平衡點與操作策略

◆ 買權多頭與空頭價差損益平衡點與操作策略

◆ 賣權多頭與空頭價差損益平衡點與操作策略

◆ 買進勒式與賣出勒式損益平衡點與操作策略

◆ 買進跨式與賣出跨式損益平衡點與操作策略

6-1 損益平衡點的計算與停損概念

　　損益平衡點主要是在算買方或賣方的損益平衡，也可說是成本。換言之投資人必須了解手中選擇權部位的成本價，然後評估到期日（結算日）是否會賺錢或賠錢。若是會賺錢就可等到結算日再平倉。反之不會賺錢，未到結算日之前有賺就可先平倉，不一定要等到結算日再平倉。

　　在期貨篇裡我們曾經講過一句話：「要注意成功的次數，不要在意獲利的點數」，選擇權也是如此。所謂聚沙成塔，積水成河，積小利成大利。縱然獲利的點數不多，但只要操作的成功次數在8~9成以上，自然可累積財富。

買方：（買進買權、買進賣權）的損益平衡點比較容易計算，因為最大的損失只有權利金。

　　　買進買權的損益平衡點：標的物買權的權利金。

　　　買進賣權的損益平衡點：標的物賣權的權利金。

賣方：（賣出買權、賣出賣權）的損益平衡點比較複雜，因為有保證金的關係。

　　　賣出買權的損益平衡點：權利金＋保證金。

　　　賣出賣權的損益平衡點：權利金＋保證金。

保證金的計算方法 以期交所公佈資料為準	權利金+MAX（A-價外值，B）。 A：風險保證金　B：最低風險保證金 A、B值由期交所隨時公告調整

6-2 買方（買call、買put）損益平衡點與使用時機

買進買權的損益平衡點與策略（大漲做多）

現在我先用文字來說明損益平衡點再用損益圖形表示。

範例：我們以指數6000點的履約價，權利金為100點做例子

●**買進買權的損益平衡點：履約價 + 權利金點數**

6000點 + 100點 = 6100點

文字說明：在結算日當天收盤指數必須漲到6100點之上才
會賺錢

狀況一：若結算日收盤指數漲到6150，則6150點-6100
點=50點，獲利50點。

狀況二：若結算日收盤指數收在6000~6100之間約
6050，則6050點-6100點=-50點，虧損50點。

狀況三：若結算日收盤指數收在履約價6000以下則無履
約價值權利金歸零，最多賠100點。

買進買權的策略運用	
適用時機	後市看大漲
最大風險	支付的權利金
最大獲利	無限制
損益平衡點	履約價＋權利金點數
保證金	不需要
風險控管	注意停利停損

損益圖形

註：上表的權利金皆以點數計算換算成金額每點50元

買進賣權的損益平衡點與策略（大跌做空）

範例：我們以指數6000點的履約價，權利金為100點做例子

●買進賣權的損益平衡點：履約價 - 權利金點數

$$6000點 - 100點 = 5900點$$

文字說明：在結算日當天收盤指數必須跌到5900以下才會
　　　　　賺錢

狀況一：若結算日收盤指數跌到5850則5900點-5850點=50
　　　　　點，獲利50點。

狀況二：若結算日收盤指數收在5900-6000之間約5950則
　　　　　5900點-5950點=-50點，虧損50點。

狀況三：若結算日收盤指數收在6000以上則無履約價值權
　　　　　利金歸零，最多賠100點。

買進賣權的策略運用	
適用時機	後市看大跌
最大風險	支付的權利金
最大獲利	無限制
損益平衡點	履約價－權利金點數
保證金	不需要
風險控管	注意停利停損

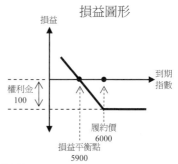

損益圖形

註：上表的權利金皆以點數計算換算成金額每點50元

6-3 賣方（賣call、賣put）損益平衡點與使用時機

賣出買權的損益平衡點（小跌做空）：壓力點短時間不易突破

範例：我們仍然以指數6000點的履約價，權利金為100點做例子

●**賣出買權的損益平衡點：履約價 + 權利金點數**

$$6000點 + 100點 = 6100點$$

文字說明：在結算日當天收盤指數未漲超過6100不會賠錢

狀況一：若結算日收盤指數收在6100以下都是賺錢，若收在6050則6100點-6050點=50點，獲利50點。

狀況二：若結算日收盤指數漲過6100都是賠錢，虧損無限。

狀況三：若指數收在6150，則6100點-6150點=-50點，虧損50點。

賣出買權的策略運用	
適用時機	預期後市小跌下檔有撐
最大風險	無限制（注意停損）
最大獲利	有限制（收取的權利金）
損益平衡點	履約價＋權利金點數
保證金	需要（權利金＋保證金）
風險控管	特別注意停損或自救

註：上表的權利金皆以點數計算換算成金額每點50元

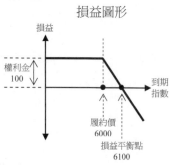

損益圖形

賣出賣權的損益平衡點（小漲做多）：支撐點短時間不易跌破

範例：我們仍然以指數6000點的履約價，權利金為100點做例子

●賣出賣權的損益平衡點：履約價 - 權利金點數

6000點 - 100點 = 5900點

文字說明：在結算日當天收盤指數未跌破5900不會賠錢

狀況一：若結算日收盤指數未跌破5900不會賠錢，若指數收在5950則5950點-5900點=50點，獲利50點。

狀況二：若結算日收盤指數跌破5900都是賠錢，虧損無限。

狀況三：若指數收在5850則5850點-5900點=-50點，虧損50點。

賣出賣權的策略運用	
適用時機	預期後市小漲下檔有撐
最大風險	無限制（注意停損）
最大獲利	有限制（收取的權利金）
損益平衡點	履約價－權利金點數
保證金	需要（權利金＋保證金）
風險控管	特別注意停損或自救

註：上表的權利金皆以點數計算換算成金額每點50元

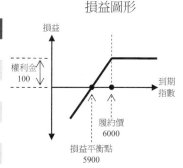

損益圖形

6-4 買權多頭與空頭價差損益平衡點與使用時機

買權多頭價差損益平衡點（小漲做多）：指數短時間不易跌破支撐點

買權的多頭價差：買進低履約價買權＋賣出高履約價買權

範例：買進較低履約價6000買權，支付權利金180點

　　　賣出較高履約價6200買權，收受權利金100點

　　　所需的資金：180點-100點=80點

　　　　　　　　　80×50元/點 =4000元（投資成本）

　　●損益平衡點：6000點 + （180點-100點）=6080點

　　　最大的獲利：（6200點-6000點）-（180點-100點）

　　　　　　　　　=120點

　　　最大的損失：180點-100點=80點

買進買權的策略運用	
適用時機	預期上漲但漲幅不高
最大風險	買進買權支付的權利金-賣出買權收受的權利金
最大獲利	（高履約價-低履約價）-投資成本
損益平衡點	低履約價＋（買進買權的權利金-賣出買權的權利金）
保證金	無
風險控管	注意停利停損

註：上表的權利金皆以點數計算換算成金額每點50元

損益圖形

履約價 K1：6000 點　履約價K2：6200 點
權利金 C1：180 點　權利金C2：100 點

延伸閱讀：買權多頭價差（偏多操作）

　　小華預期結算日指數會小漲採用買權多頭價差策略。買進低履約價6000買權，支付權利金180點，同時小華也賣出高履約價6200買權，收受權利金100點。

●先算損益平衡點：6000點+（180點-100點）=6080點

狀況一：若結算日指數漲到6200之上，小華最大獲利是（6200點-6000點）-（180點-100點）=120點

狀況二：反之若結算日指數收在損益平衡點6080之下，兩個買權皆沒有履約價值。那麼小華的最大損失是180點-100點=80點

狀況三：若結算日指數收在6150，則小華的獲利6150-（損益平衡點6080）=70點

狀況四：若結算日指數收在6050，則小華無獲利反而虧損。6050-損益平衡點6080=-30點

　　從上述的例子可得知選擇權要獲利，重點還是要做對方向。所以我們常說：「只要方向對，目標就會到。」

買權的空頭價差損益平衡點（小跌做空）：指數短時間不
易突破壓力點

買權的空頭價差：買進高履約價買權 + 賣出低履約價買權

範例：買進較高履約價6200買權，支付權利金100點

賣出較低履約價6000買權，收受權利金180點

所需的資金：6200點-6000點=200點

200×50元/點=10000元（投資成本）

●損益平衡點：6000點+（180點-100點）=6080點

最大的獲利：180點-100點=80點

最大的損失：（6200點-6000點）-（180點-100點）

=120點

買進空頭價差的策略運用	
適用時機	預期下跌但跌幅不深
最大風險	（高履約價-低履約價）-（賣出買權的權利金-買進買權的權利金）
最大獲利	賣出買權的權利金-買進買權的權利金
損益平衡點	低履約價＋（賣出買權的權利金-買進買權的權利金）
保證金	（高履約價-低履約價）×50元/點
風險控管	注意停利停損

損益圖形

履約價 K1：6000 點　　履約價K2：6200 點
權利金 C1：180 點　　權利金C2：100 點

註：上表的權利金皆以點數計算換算成金額每點50元

延伸閱讀：買權空頭價差（偏空操作）

　　小華預期結算日指數會小跌，採用買權空頭價差策略。買進高履約價6200買權，支付權利金100點，同時小華也賣出低履約價6000買權，收受權利金180點。

●先算損益平衡點：6000點+（180點-100點）=6080點

狀況一：若結算日指數跌破6000之下，小華最大獲利是180點 -100點=80點

狀況二：若結算日指數收在損益平衡點6080之上，則兩個買權皆沒有履約價值。那麼小華的最大虧損是（6200點-6000點）-（180點-100點）=120點

狀況三：若到期日指數收在6150，則小華無獲利反而虧損。損益平衡點6080-6150=-70點

狀況四：若到期日指數收在6050，則小華的獲利。損益平衡點6080-6050=30點

　　從上述的例子可得知選擇權要獲利，重點還是要做對方向。所以我們常說：「只要方向對，目標就會到。」

6-5 賣權多頭與空頭價差損益 平衡點與使用時機

賣權多頭價差損益平衡點（小漲做多）：指數短時間不易 跌破支撐點

賣權的多頭價差：買進低履約價賣權 + 賣出高履約價賣權

範例：買進低履約價6000賣權，支付權利金100點

　　　賣出高履約價6200買權，收受權利金220點

　　　所需的資金：6200點-6000點=200點

　　　　　　　　　200×50元/點=10000元（投資成本）

　　　損益平衡點：6200點-（220點-100點）=6080點

　　　最大的獲利：220點-100點=120點

　　　最大的損失：（6200點-6000點）-（220點-100點）

　　　　　　　　　=80點

賣權多頭價差的策略運用

適用時機	預期上漲但跌幅不高
最大風險	（高履約價-低履約價）-（賣出賣權的權利金-買進賣權的權利金）
最大獲利	賣出賣權的權利金-買進賣權的權利金
損益平衡點	高履約價-（賣出賣權的權利金-買進賣權的權利金）
保證金	（高履約價-低履約價）×50元/點
風險控管	注意停利停損

損益圖形

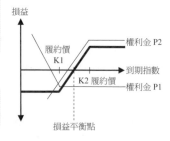

履約價K1：6000 點　　履約價K2：6200 點
權利金 P1：100 點　　權利金P2：220 點

註：上表的權利金皆以點數計算換算成金額每點50元

延伸閱讀：賣權多頭價差（偏多操作）

小華預期結算指數會小漲，採用賣權多頭價差策略。買進低履約價6000賣權，支付權利金100點，同時小華也賣出高履約價6200賣權，收受權利金220點。

●先算損益平衡點：6200點-（220點-100點）=6080點

狀況一：若結算日指數漲超過6200，則小華最大獲利是220點-100點=120點

狀況二：反之若結算日指數收在損益平衡點6080之下，則小華就會產生虧損。最大虧損是（6200點-6000點）-（220點-100點）=80點

狀況三：若結算日指數收在6150，則小華的獲利是6150-損益平衡點6080=70點

狀況四：若結算日指數收在6050，則小華無獲利反而虧損。6050-損益平衡點6080=-30點

從上述的例子可得知選擇權要獲利，重點還是要做對方向。所以我們常說：「只要方向對，目標就會到。」

賣權空頭價差損益平衡點（小跌做空）：指數短時間不易突破壓力點

賣權的空頭價差：買進高履約價賣權 + 賣出低履約價賣權

範例：買進高履約價6200賣權，支付權利金220點

　　　賣出低履約價6000賣權，收受權利金100點

　　　所需的資金：220點-100點=120點

　　　　　　　　　120×50元/點=6000元

　　　損益平衡點：6200點-（220點-100點）=6080點

　　　最大的獲利：（6200點-6000點）-（220點-100點）

　　　　　　　　　=80點

　　　最大的損失：220點-100點=120點

賣權空頭價差的策略運用	
適用時機	預期下跌但跌幅不深
最大風險	買進賣權的權利金-賣出賣權的權利金
最大獲利	（高履約價-低履約價）-（買進賣權的權利金-賣出賣權的權利金）
損益平衡點	高履約價-（買進賣權的權利金- 賣出賣權的權利金）
保證金	無
風險控管	注意停利停損

損益圖形

履約價 K1：6000 點　　履約價K2：6200 點
權利金 P1：100 點　　權利金P2：220 點

註：上表的權利金皆以點數計算換算成金額每點50元

延伸閱讀：賣權空頭價差（偏空操作）

小華預期結算日指數會小跌，因此採用賣權空頭價差策略。買進高履約價6200賣權，支付權利金220點，同時小華也賣出低履約價6000賣權，收受權利金100點。

●先算損益平衡點：6200點-（220點-100點）=6080點

狀況一：若結算日指數跌破6000點以下，則小華最大獲利
　　　　（6200點-6000點）-（220點-100點）=80點

狀況二：反之結算日指數漲超過6200點以上，則小華最大虧損是220點-100點=120點

狀況三：若結算日指數收在6150，則小華的虧損是損益平衡點6080-6150 =-70點

狀況四：若結算日指數收在6050，則小華的獲利是損益平衡點6080-6050=30點

從上述的例子可得知選擇權要獲利，重點還是要做對方向。所以我們常說：「只要方向對，目標就會到。」

6-6 買進勒式與賣出勒式損益平衡點與使用時機

買進勒式損益平衡點（大漲、大跌）：指數短時間波動大。

買進勒式：**買進高履約價買權 + 買進低履約價賣權（兩者皆價外）**

範例：買進高履約價6200買權，支付權利金120點

買進低履約價6000賣權，支付權利金160點

所需的資金：120點+160點=280點

280×50元/點=14000元

損益平衡點：(高)6200點+(120點+160點)=6480點

(低)6000點-(120點+160點)=5720點

最大的獲利：無限制

最大的損失：120點+160點=280點

買進勒式的策略運用

適用時機	預期標的物大漲或大跌
最大風險	買進買權的權利金+買進賣權的權利金
最大獲利	無限制
損益平衡點	（高）高履約價+（買進買權的權利金+買進賣權的權利金） （低）低履約價-（買進買權的權利金+買進賣權的權利金）
保證金	無
風險控管	注意停利停損

損益圖形

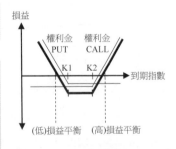

履約價 K1：6000 點　履約價 K2：6200 點
權利金 P：160 點　　權利金 C：120 點

註：上表的權利金皆以點數計算換算成金額每點50元

延伸閱讀：買進勒式（大漲、大跌）指數波動大

小華研判結算日之前有重大消息面變化，指數可能波動較大，因此採取低成本低風險的策略放手一搏，小華採用買進勒式策略。買進一口較高履約價6200買權，支付權利金120點，同時買進一口較低履約價6000賣權，支付權利金160點。

●先算損益平衡點：(高)6200點+(120點+160點)=6480點

　　　　　　　　　　(低)6000點-(120點+160點)=5720點

狀況一：若結算日指數大漲超過6480點，則小華最大獲利沒有限制，每超過一點就賺50元，沒有上限。換言之獲利無限。

狀況二：反之結算日指數大跌超過5720點，則小華最大獲利沒有限制，每超跌一點就賺50元沒有上限。換言之獲利無限。

狀況三：若結算日指數介於5720點與6480點之間，小華操作就算失敗，最大損失就是所支付的權利金120點+160點=280點

●買進勒式是一種押寶式或對賭式的操作策略，當市場預期某日會有重大消息宣佈可採取此種策略，如ECFA簽訂日，或台灣99年底的五都選舉日…等。

●買進勒式雖然獲利無限，風險有限，但缺點是時間價值流失。因此在結算之前有賺可先獲利了結。

賣出勒式損益平衡點（小漲、小跌）：指數短時間波動不大整理盤

賣出勒式：賣出高履約價買權 + 賣出低履約價賣權（兩者皆價外）

範例：賣出高履約價6200買權，收受權利金120點

　　　賣出低履約價6000賣權，收受權利金160點

　　　所需的資金：一組保證金

　　　損益平衡點：(高)6200點+(120點+160點)=6480點

　　　　　　　　　(低)6000點-(120點+160點)=5720點

　　　最大的獲利：120點+160點=280點

　　　最大的損失：無限制

賣出勒式的策略運用	
適用時機	預期標的物小漲或小跌
最大風險	無限制
最大獲利	賣出買權的權利金+賣出賣權的權利金
損益平衡點	（高）高履約價+（賣出買權的權利金+賣出賣權的權利金）（低）低履約價-（賣出買權的權利金+賣出賣權的權利金）
保證金	MAX（call保證金，put保證金）+相對權利金市值
風險控管	注意停利停損

註：上表的權利金皆以點數計算換算成金額每點50元

損益圖形

履約價 K1：6000點　履約價K2：6200點
權利金 P：160點　　權利金 C：120點

延伸閱讀：賣出勒式（小漲、小跌）指數波動小

　　小華研判結算日之前指數波動不大屬於整理盤，小華決定採取賣出勒式策略。賣出一口較高履約價6200買權，收受權利金120點，同時賣出一口較低履約價6000賣權，收受權利金160點。

●先算損益平衡點：(高)6200點+(120點+160點)=6480點
　　　　　　　　　(低)6000點-(120點+160點)=5720點

狀況一：若結算日指數大漲超過6480點，則每超漲一點小華就賠50元，損失無上限。

狀況二：反之結算日指數大跌超過5720點，則每超跌一點小華就損失50元，損失無上限。

狀況三：若結算日指數介於5720點與6480點之間，小華操作成功，最大獲利就是收受兩口權利金120點+160點=280點280×50元/點=14000元。

●賣出勒式是用在箱型整理，在壓力區做空，在支撐區做多，賺取時間價值。

●賣出勒式因獲利有限，風險無限，因此要特別注意停損或自救（價差策略），降低虧損甚至可反敗為勝。可參閱第五章的自救策略。

6-7 買進跨式與賣出跨式損益平衡點與使用時機

買進跨式損益平衡點（大漲、大跌）：指數短時間波動大

買進跨式：買進相同履約價買權 ＋ 買進相同履約價賣權

（買權與賣權履約價皆相同）

範例：買進履約價6200買權，支付權利金120點

買進履約價6200賣權，支付權利金200點

所需的資金：120點+200點=320點

320×50元/點=16000元

損益平衡點：(高)6200點+(120點+200點)=6520點

(低)6200點-(120點+200點)=5880點

最大的獲利：無限制

最大的損失：120點+200點=320點

買進跨式的策略運用	
適用時機	預期標的物大漲或大跌
最大風險	買進買權的權利金+買進賣權的權利金
最大獲利	無限制
損益平衡點	（高）履約價+（買進買權的權利金+買進賣權的權利金） （低）履約價-（買進買權的權利金+買進賣權的權利金）
保證金	無
風險控管	注意停利停損

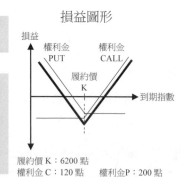

損益圖形

履約價 K：6200 點

權利金 C：120 點　　權利金 P：200 點

註：上表的權利金皆以點數計算換算成金額每點50元

延伸閱讀：買進跨式（大漲、大跌）指數波動大

　　小華研判近日或結算日指數會受到消息面影響大幅波動，因此小華採取低成本風險有限的買進跨式策略。買進履約價6200買權，支付權利金120點，同時買進相同履約價6200賣權，支付權利金200點。

● 先算損益平衡點：(高)6200點+(120點+200點)=6520點
　　　　　　　　　　(低)6200點-(120點+200點)=5880點

狀況一：若結算日指數大漲超過6520點，則小華最大獲利沒有限制，每超漲一點就賺50元，沒有上限。換言之獲利無限。

狀況二：若結算日指數大跌超過5880點，則小華最大獲利沒有限制，每超跌一點就賺50元沒有上限。換言之獲利無限。

狀況三：若結算日指數收在5880點與6520點之間，則小華操作失敗，最大損失就是所支付的權利金120點+200點=320點。

● 買進跨式的使用時機與買進勒式雷同，是一種押寶式或對賭式的操作策略。其不同點在於買進勒式的履約價不同，買進跨式的履約價相同。

● 買進跨式偏向於近日內指數波動大時使用。

賣出跨式損益平衡點（小漲、小跌）：指數短時間波動不大整理盤

賣出跨式：賣出相同履約價買權 ＋ 賣出相同履約價賣權（買權賣權履約價皆相同）

範例：賣出履約價6200買權，收受權利金120點

賣出履約價6200賣權，收受權利金200點

所需的資金：一組保證金

損益平衡點：(高)6200點+(120點+200點)=6520點

(低)6200點-(120點+200點)=5880點

最大的獲利：120點+200點=320點

最大的損失：無限制

賣出跨式的策略運用	
適用時機	預期標的物小漲或小跌
最大風險	無限制
最大獲利	賣出買權的權利金+賣出賣權的權利金
損益平衡點	（高）履約價+（賣出買權的權利金+賣出賣權的權利金） （低）履約價-（賣出買權的權利金+賣出賣權的權利金）
保證金	MAX（call保證金,put保證金）+相對權利金市值
風險控管	注意停利停損

損益圖形

履約價 K：6200 點
權利金 C：120 點　　權利金P：200 點

註：上表的權利金皆以點數計算換算成金額每點50元

延伸閱讀：賣出跨式（小漲、小跌）指數波動小

小華研判近日或結算日指數波動不大，因此決定採用賣出跨式策略操作。賣出履約價6200買權，收受權利金120點，同時賣出相同履約價6200賣權，收受權利金220點。

●先算損益平衡點：(高)6200點+(120點+200點)=6520點

(低)6200點-(120點+200點)=5880點

狀況一：若結算日指數大漲超過6520點，則每超漲一點小華就賠50元，損失無上限。

狀況二：反之若結算日指數大跌超過5880點，則每超跌一點就賠50元，損失無上限。

狀況三：若結算日指數收在5880點與6520點之間，則小華操作成功，最大獲利就是收受的買權與賣權二口的權利金120點+200點=320點。

●賣出跨式與賣出勒式雷同，其不同點在於賣出勒式的履約價不同，而賣出跨式的履約價相同，目的在於賺取時間價值。

●賣出跨式因獲利有限風險無限，因此要特別注意停損或自救（價差策略），降低風險甚至可反敗為勝，可參閱自救策略的章節。

Take a Break
閱讀休息站

喝杯茶水
品嚐一下

學員的感性分享

新鮮投資人的肺腑之言

　　陳霖老師繼《股市三寶》、《10倍數操盤法》又推薦《期權賺很大》投資理財必讀叢書，這些書籍是　陳霖老師數十年寶貴實戰經驗不藏私，將繁雜的技術分析歸納成易懂的「口訣」提供給參與投資理財者學習與應用，並做為推薦好友與贈送參與投資理財朋友的好禮物當做個人的股市「錦囊妙計」。

　　筆者是在「退休」、「轉業」人生旅途告一段落的關鍵時刻，一直在腦海中總圍繞著下一階段的生活如何抉擇，然而各式各樣的投資理財標的如股票、期指、選擇權、基金、黃金 …等都是經由電視媒體、財經雜誌、報紙、銀行理專…等傳遞的二手消息來了解進入市場，筆者認為尚未做好功課前無法去做精確合理的判斷前就貿然進入風險高獲利困難的股海風險太高，所以筆者決定先慎重尋覓選擇優良的看盤軟體工具、拜師學習技術分析、做好投資前的準備功課，再循序漸進進入市場。

　　俗語說：「工欲善其事，必先利其器。」這句大家耳熟能詳的名言，言猶在耳可是越平常的話語卻越難在生活中落實，然而筆者以往的做事方法就是必須事前做好萬全準備，所以我決定先提升投資理財知識做為『精確判斷』的依據。

　　一般投資理財多數就是在尚未「準備好」卻又擔心錯

失賺錢機會，就倉促的一頭栽進股市，而往往是由坊間得來消息常常「追高殺低」無法掌握買賣點和停利、停損觀念，明明賺錢沒有停利又歸零甚至於造成虧損，一次又一次的打擊就會直接影響投資理財信心而造成巨大損失，不是直接「三振出局」離開股市，就是再回頭尋找老師上課學習充實投資理財技能，尋求反敗為勝的契機，為時不晚。

陳霖老師上課所教導的可以利用『股市三寶：K棒、均線、45度線來判定「漲、跌、盤」的轉折，並可掌握三大原則、二大方法來預測漲、跌幅（詳述參考陳霖老師《股市三寶》、《10倍數操盤法》），學會自行選股、換股、設價及確實執行停利、停損觀念。選股三部曲先看「技術面」再查「基本面」解讀「消息面」，所篩選出來的個股不獲利也難，只是需要花一些時間，可利用電腦程式篩選後再經目視選出強勢潛力股。這樣從基礎「準備好」建立投資理財信心再來投入股市，操作股票要「準、高、快」，「準」是選股設價要準，「高」是操作的成功率要高，「快」是停利停損要快，遵守操作不賺也難，尤其操作期貨、選擇權更應如此。所以希望各位投資朋友能在股海中順利找到一盞明燈指引大家能一帆風順，荷包獲利滿滿。

Taina Mr.Lin C-M

盤中運用45度線如魚得水

陳霖老師您好：

　　以前常自認為投資股票很簡單，往往似皎潔的月亮「有盈有虧」，但最終難抵一次波段滿足後下殺的「慘痛經驗」。隨即在一次因緣際會經朋友介紹之下，得以接受陳老師的薰陶，得以進入奧妙的殿堂。進而得知每日必須注意的壓力與支撐點，讓我至少已贏在起跑點。以下心得淺見是：

（一）盤前掌握壓力與支撐及昨日美股漲跌，對於今日的下單，就更加有信心，比較不會拖泥帶水。

（二）盤中45度運用更能如魚得水，以前覺得很難現在覺得很簡單；只要常用，便能運用自如；如果能與大盤的步調同步起舞，成功率至少高於別人。再配合量價關係及技術指標，經老師說明更能明白如何運用。

例如（一）：今年四月底上老師課後的時候，當時在99/04/26大盤微收盤8158，消息面正充斥整個市場，前景一片樂觀，另一方面ECFA效應以及美股、歐股正面成長；吾不看好，可能隨時回檔，陳霖老師即問從何看出？

第一點從加權指月線角度線型看出，位置點在96/11/30高點9785劃出97/05/30 9309到 99/01/29 8222 吾當時預估8200

可能是高點。

第二點從加權指日線、配合量價關係（股價創新高、成交量未創新高）。

第三點加權日線，配合看RSI技術指標出現背離現象（股價創新高、RSI未創新高）。

第四點從形態學角度未來研判看一短線在日線M頭機率相當高老師隨即贊同，不久大盤大跌下來。我也順利避開這一波下殺，這就差很多，過不久跌破45度線及趨勢線，隨即放空價平選擇權，一來一往，這就差更多。

例如（二）：成功方法複製，99/6/2台指期一分線9：15時突破頸線隨即升一波，直到11：00時可以看出，股價創新高成交量未創新高，而且5分鐘線跌破趨勢線（賣點）和5分鐘線出現KD背離當時價差有70點。以前常看到大量會怕現在看到大量是當寶。

　　從學習經歷過這幾個階段，陳霖老師的教學以淺顯易懂、深入淺出、有教無類方式教導，其為人謙虛且面對八十幾歲的阿嬤問答，皆不厭其煩加以指導，深怕她回去做錯。以禮教學，加上愛心與耐心方式深獲好評，也擄獲廣大追隨者。

　　在此深深的感激，多年來的諄諄教誨與指導。

學生 小陳 2010/6/10

看對的書，找對的人

巴菲特說過：「在金融操作無新鮮事，歷史只是不斷再重複。」相信在股海歷程中，相信只要用對的方法，容易懂的方法，加上不斷的努力、重複學習，必有收穫。

而這簡單的方法，來自領航良師，陳霖老師的諄諄教導。加上多次上課才能領悟出竅門，運用老師絕招：價乖離、大量區、缺口、三線合一、鴨嘴…精闢之處，唯有受教過的學員才能體會箇中精華，內容之豐富，遠比你所能想像的充實好用。

我是一般投資者，之前也是買了怕跌、賣了怕漲，患得患失，經過多次課程的萃煉，不再盲目投資，較有能力分辨多空，自設停損停利。所學不足之處，尚有《股市三寶》、《10倍數操盤法》二本書，隨時翻閱可補拙。因此常與朋友分享書中的技巧，並鼓勵友人有機會一定要去試聽老師的課程，肯定受益無窮。「學習」是一條通往成功永遠不變的捷徑，萬變不離其宗，存乎一心。唯有透過正確的學習，運用幾個熟悉的指標，愈簡單的方法，及正確的操作心法，資金分配，風險控管，必能達到大賺小賠。

上期權課時，學員就很期待老師能再出一本輔助的書，現在期待許久的《期權賺很大》終於要問世，真是投資人的福音。這是一本踏入零和遊戲成為贏家不可缺的良書。

衷心祝福投資人股海揚帆，一帆風順。

多看好書，多上課，共勉之。

嘉義學員 黃小姐

第七章
蝶式鷹式組合與期權策略

重點提示
- ◆ 買進蝶式價差策略
- ◆ 賣出蝶式價差策略
- ◆ 買進鷹式價差策略
- ◆ 賣出鷹式價差策略
- ◆ 逆轉與轉換策略
- ◆ 買進與賣出時間價差策略
- ◆ 隱含波動率
- ◆ 做錯怎麼辦
- ◆ 選擇權問與答Q＆A

7-1 買進蝶式與賣出蝶式策略

買進蝶式：較低履約價的多頭價差+較高履約價的空頭價差。且兩者有一共同履約價（可做在買權或賣權的價差策略）。

以買權做範例：蝶式策略一共有四口，6500是共同履約價

多頭價差：一、買進履約價6300買權，支付權利金235點

二、賣出履約價6500買權，收受權利金95點

空頭價差：一、賣出履約價6500買權，收受權利金95點

二、買進履約價6700買權，支付權利金20點

所需的資金：(235點-95點)+(6500點-6300點) +(95點-20點)=415點

最大的獲利：(6500點-6300點)-(235點-95點)+(95點-20點)=135點

最大的損失：(235點-95點)-(95點-20點)=65點

買進蝶式價差的策略運用

適用時機	預期整理盤小漲小跌（偏多）	
最大風險	多頭價差最大風險-空頭價差最大獲利	
最大獲利	多頭價差最大獲利+空頭價差最大獲利	
損益平衡點	（高）空頭價差損益平衡點+多頭價差最大獲利（低）多頭價差損益平衡點-空頭價差最大獲利	
保證金	兩組價差可能需要的保證金之和	

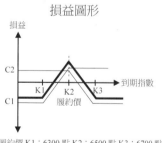

損益圖形

履約價 K1：6300 點 K2：6500 點 K3：6700 點
多頭價差權利金 C1　空頭價差權利金C2

註：上表的權利金皆以點數計算換算成金額每點50元

延伸閱讀：買進蝶式（偏多的小漲小跌）

小華研判大盤到結算日起伏不大屬於整理格局，因此採取低風險且穩健獲利的買進蝶式策略操作。買進一組較低履約價的多頭價差，同時買進一組較高履約價的空頭價差，而且多頭價差部位的較高履約價須與空頭價差部位的較低履約價相同，而多頭價差履約價的間距亦須等於空頭價差履約價的間距。如上一頁所述的共四口單，其中賣出履約價6500買權的兩口單是相同的。

兩組買進蝶式價差策略如下：

多頭價差：一、買進履約價6300買權，支付權利金235點
　　　　　二、賣出履約價6500買權，收受權利金95點

空頭價差：一、賣出履約價6500買權，收受權利金95點
　　　　　二、買進履約價6700買權，支付權利金20點

●**先算損益平衡點：**

（高）空頭價差損益平衡點+多頭價差最大獲利
　　　6575點+60點=6635點

（低）多頭價差損益平衡點-空頭價差最大獲利
　　　6440點-75點=6365點

狀況一：若結算日指數收在6365~6635之間，則小華操作成功，最大獲利點落在履約價6500點，這時小華就可賺如上一頁計算的135點。135點×50元/點=6750元。

狀況二：反之結算日指數漲超過6635以上或跌破6365以下，小華的最大損失如上一頁所計算的65點。65點×50元/點=3250元。

賣出蝶式：較低履約價的空頭價差＋較高履約價的多頭價差，且兩者有一共同履約價（可做在買權或賣權的價差策略）。

以買權做範例：蝶式策略一共有四口，**6500**是共同履約價

空頭價差：一、賣出履約價6300買權，收受權利金235點

　　　　　二、買進履約價6500買權，支付權利金95點

多頭價差：一、買進履約價6500買權，支付權利金95點

　　　　　二、賣出履約價6700買權，收受權利金20點

所需的資金：（6500點-6300點）＋（235點-95點）＋（95點-20點）＝415點

最大的獲利：（235點-95點）-（95點-20點）＝65點

最大的風險（6500點-6300點）-（235點-95點）＋（95點-20點）＝135點

賣出蝶式價差的策略運用	
適用時機	預期整理盤小漲小跌（偏空）
最大風險	空頭價差最大風險+多頭價差最大風險
最大獲利	空頭價差最大獲利-多頭價差最大風險
損益平衡點	（高）多頭價差損益平衡點+空頭價差最大風險 （低）空頭價差損益平衡點-多頭價差最大風險
保證金	兩組價差可能需要的保證金之和

損益圖形

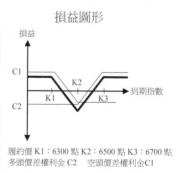

履約價 K1：6300 點 K2：6500 點 K3：6700 點
多頭價差權利金 C2　空頭價差權利金C1

註：上表的權利金皆以點數計算換算成金額每點50元

延伸閱讀：賣出蝶式（偏空的小漲小跌）

　　小華研判大盤到結算日起伏不大屬於整理格局，因此採取低風險且穩健獲利的賣出蝶式策略操作。買進較低履約價的空頭價差與賣出較高履約價的多頭價差各一組，共四口單組成，其中有兩口單履約價相同。如上頁的履約價6500，而且空頭價差之履約價間距與多頭價差之履約價間距需相同。

兩組賣出蝶式價差策略如下：

　　空頭價差：一、賣出履約價6300買權，收受權利金235點

　　　　　　　二、買進履約價6500買權，支付權利金95點

　　多頭價差：一、買進履約價6500買權，支付權利金95點

　　　　　　　二、賣出履約價6700買權，收受權利金20點

●先算損益平衡點：

　（高）多頭價差損益平衡點+空頭價差最大風險

　　　　6575點+60點=6635點

　（低）空頭價差損益平衡點-多頭價差最大風險

　　　　6440點+75點=6365點

狀況一：若結算日指數收在6365以下或6635以上，則小華操作成功皆有獲利，指數高於6500或低於6300則小華最大獲利如上一頁所計算的65點。65點×50元/點=3250元。

狀況二：反之若指數仍停留在6500點，則小華會有最大損失如上一頁所計算的135點。135點×50元/點=6750元。

7-2 買進兀鷹與賣出兀鷹策略

買進兀鷹：較低履約價的多頭價差+較高履約價的空頭價差 （可做在買權或賣權的價差策略）。

以買權做範例：買進兀鷹價差策略一共有四口

多頭價差： 一、買進履約價6300買權，支付權利金235點

　　　　　　二、賣出履約價6500買權，收受權利金95點

空頭價差： 一、賣出履約價6700買權，收受權利金20點

　　　　　　二、買進履約價6900買權，支付權利金13點

所需的資金：（235點-95點）+（6900點-6700點）+（20點-13點）=347點

最大的獲利：（6500點-6300點）-（235點-95點）+（20點-13點）=67點

最大的損失：（235點-95點）-（20點-13點）=133點

買進兀鷹價差的策略運用	
適用時機	預期整理盤小漲小跌
最大風險	多頭價差最大風險-空頭價差最大獲利
最大獲利	多頭價差最大獲利+空頭價差最大獲利
損益平衡點	（高）空頭價差損益平衡點+多頭價差最大獲利 （低）多頭價差損益平衡點-空頭價差最大獲利
保證金	兩組價差可能需要的保證金之和

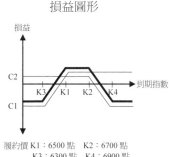

損益圖形

履約價 K1：6500 點　K2：6700 點
　　　　K3：6300 點　K4：6900 點
多頭價差權利金 C1　空頭價差權利金 C2

註：上表的權利金皆以點數計算換算成金額每點50元

延伸閱讀：買進兀鷹（偏多的小漲小跌）

買進兀鷹與買進蝶式非常類似，只差在沒有共同履約價而已。小華研判大盤到結算日指數仍屬於整理盤，決定採取風險與獲利皆有限的買進兀鷹策略操作。買進一組較低履約價的多頭價差，同時買進一組較高履約價的空頭價差。一共四口複合式的組合策略，而多頭價差的履約價間距必須等於空頭價差的履約價間距。

兩組價差策略如下：

多頭價差：一、買進履約價6300買權，支付權利金235點

二、賣出履約價6500買權，收受權利金95點

空頭價差：一、賣出履約價6700買權，收受權利金20點

二、買進履約價6900買權，支付權利金13點

●先算損益平衡點：

（高）空頭價差損益平衡點+多頭價差最大獲利

6707點+60點=6767點

（低）多頭價差損益平衡點-空頭價差最大獲利

6440點-7點=6433點

狀況一：若結算日指數收在6433~6767之間，則小華操作成功，如果指數收在6500~6700之間，則小華最大利潤可賺如上一頁計算的67點。67點×50元/點=3350元。

狀況二：反之若指數收在6300以下或6900以上，則小華最大損失如上一頁所計算的133點。133點×50元/點=6650元。

賣出兀鷹：較低履約價的空頭價差+較高履約價的多頭價差（可做在買權或賣權的價差策略）。

以買權做範例：

空頭價差：一、賣出履約價6300買權，收受權利金235點

　　　　　二、買進履約價6500買權，支付權利金95點

多頭價差：一、買進履約價6700買權，支付權利金20點

　　　　　二、賣出履約價6900買權，收受權利金13點

所需的資金：（6500點-6300點）+（235點-95點）+（20點-13點）=347點

最大的獲利：（235點-95點）-（20點-13點）=133點

最大的風險：（6500點-6300點）-（235點-95點）+（20點-13點）=67點

賣出兀鷹價差的策略運用	
適用時機	預期整理盤小漲小跌
最大風險	空頭價差最大風險+多頭價差最大風險
最大獲利	空頭價差最大獲利-多頭價差最大風險
損益平衡點	（高）多頭價差損益平衡點+空頭價差最大風險 （低）空頭價差損益平衡點-多頭價差最大風險
保證金	兩組價差可能需要的保證金之和

註：上表的權利金皆以點數計算換算成金額每點50元

損益圖形

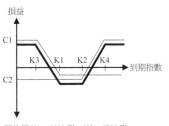

履約價 K1：6500 點　K2：6700 點
　　　　 K3：6300 點　K4：6900 點
多頭價差權利金 C2　空頭價差權利金C1

延伸閱讀：賣出兀鷹（偏多的小漲小跌）

賣出兀鷹與賣出蝶式非常類似，只差在沒有共同履約價而以。小華研判大盤到結算日指數仍屬於整理盤，決定採取風險與獲利皆有限的賣出兀鷹策略操作。買進一組較低履約價的空頭價差，同時買進一組較高履約價的多頭價差。一共四口複合式的組合策略，而空頭價差的履約價間距必須等於多頭價差的間距。

兩組價差策略如下：

　　　多頭價差：1.賣出履約價6300買權，收受權利金235點

　　　　　　　　2.買進履約價6500買權，支付權利金95點

　　　空頭價差：1.買進履約價6700買權，支付權利金20點

　　　　　　　　2.賣出履約價6900買權，收受權利金13點

●先算損益平衡點：

　　（高）多頭價差損益平衡點+空頭價差最大風險

　　　　6707點+60點=6767點

　　（低）多頭價差損益平衡點-空頭價差最大風險

　　　　6440點-7點=6433點

狀況一：若結算日指數收在6433以下或6767以上，則小華操作成功，如果指數收在6300以下或6900以上，則小華最大利潤可賺如上一頁計算的133點。133點×50元/點=6650元。

狀況二：反之若結算日指數收在6500~6700之間，則小華最大損失如上一頁所計算的67點。67點×50元/點=3350元。

7-3 逆轉與轉換操作策略

逆轉策略：買進買權+賣出賣權，且兩口履約價相同

範例：一、買進履約價6000買權，支付權利金70點

二、賣出履約價6000賣權，收受權利金65點

所需的資金：70點+賣權的保證金

最大的獲利：無限

最大的損失：無限

逆轉交易的策略運用	
適用時機	預期行情會大漲一波
最大風險	無限
最大獲利	無限
損益平衡點	履約價+買權的權利金-賣權的權利金
保證金	賣出賣權的保證金
風險控管	特別注意停損或自救

註：上表的權利金皆以點數計算換算成金額每點50元

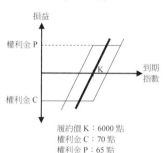

損益圖形

履約價 K：6000 點
權利金 C：70 點
權利金 P：65 點

延伸閱讀：逆轉交易策略（預期行情會大漲一波）

小華研判大盤指數完成上漲三寶處在漲勢，且符合大漲條件，指數有機會大漲一波，因此決定採取逆轉交易策略。在相同的履約價6000點同時買進一口買權+賣出一口賣權。

逆轉策略如下：一、買出履約價6000買權，支付權利金70點。

二、賣出履約價6000賣權，收受權利金65點。

●**先算損益平衡點：**6000點+70點-65點=6005點。

狀況一：若結算日指數漲超過6005點小華就操作成功，指數每超漲一點小華就多賺50元，漲越多賺越多，獲利無限。

狀況二：反之若結算日指數跌破6005點小華就操作失敗，指數每超跌一點小華就賠50元，損失沒有限制。

●此種操作策略方向看錯風險無限要注意停損。

操作重點：可調整策略，既然看漲，先做賣出賣權。確定大漲再加買進買權，如上課中所說的先買滷肉飯再加滷蛋。

轉換策略：買進賣權+賣出買權，且兩口履約價相同

範例：一、買進履約價6000賣權，支付權利金70點

　　　二、賣出履約價6000買權，收受權利金65點

　　　所需的資金：70點+買權的保證金

　　　最大的獲利：無限

　　　最大的損失：無限

轉換交易的策略運用	
適用時機	預期行情會大跌一波
最大風險	無限
最大獲利	無限
損益平衡點	履約價+買權的權利金-賣權的權利金
保證金	賣出買權的保證金
風險控管	特別注意停損或自救

損益圖形

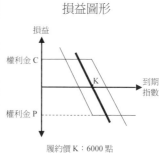

履約價 K：6000 點

註：上表的權利金皆以點數計算換算成金額每點50元

延伸閱讀：轉換策略（預期行情會大跌一波）

小華研判大盤指數完成下跌三寶處在跌勢，且符合大跌條件，指數有機會大跌一波。因此決定採取轉換交易策略。在相同的履約價6000點同時買進一口賣權+賣出一口買權。

轉換策略如下：一、買進履約價6000賣權，支付權利金70點

二、賣出履約價6000買權，收受權利金65點

●**先算損益平衡點**：6000點+65點-70點=5995點

狀況一：若結算日指數跌破5995點小華就開始獲利，指數每超跌一點就可賺50元，跌越多賺越多，獲利無限。

狀況二：反之若結算日指數漲過5995點小華就操作失敗開始虧損，指數每超漲一點小華就賠50元，漲越多賠越多，損失無限。

●此種操作策略若方向看錯風險無限要注意停損。

操作重點：可調整策略，既然看跌，先做賣出買權。確定大跌再加買進賣權，如上課中所說的先買滷肉飯再加滷蛋。

7-4 買進期權與賣出期權策略

　　前面章節只講選擇權的各種組合，本章節再討論期貨與選擇權組合。

　　若以期貨和選擇權來看，期貨指數當天若漲100點，那麼選擇權以價平來看大約漲期貨指數的一半約50點，因此若選擇權搭配期貨組合操作或避險，必須用二口選擇權搭配一口小台指。當然用一口選擇權也可操作。

　　通常操作期貨的朋友在當日看盤時必較緊張，尤其是盤中震盪幅度大時，會受到盤面的影響而誤判，產生錯買或錯賣，而選擇權比較不會，主因是當期貨指數在盤中急殺或急拉的時候若沒有跌破或突破選擇權的履約價可不必理它，因此比較不會產生錯買或錯賣的現象。

　　期貨與選擇權的組合同樣要以期貨指數來判定指數或大盤的方向再決定組合。我們先前在第五章有提到自救策略，也就是價差策略。如買call做錯由賣call來救，買put做錯由賣put來救。

　　現在換個角色期貨做錯由選擇權來救，或選擇權做錯由期貨來救道理是一樣。期貨與選擇權的組合大約有兩種：1.買進期貨（做多）賣出買權（做空），2.賣出期貨（做空）賣出賣權（做多），下一頁再舉例說明。

買進期貨賣出買權：預期行情偏多的小漲小跌

因一口小台指的點數每點50元，因此我們以一口小台指與一口選擇權做組合單。

範例：一、買進小台期指6000點

二、賣出履約價6200買權，收受權利金100點

所需的資金：期指與選擇權兩者取其一種較高的保證金

最大的獲利：權利金+（履約價-買進期指）

100點+（6200點-6000點）=300點

最大的損失：無限

買進期貨賣出買權的策略運用	
適用時機	預期行情偏多的小漲小跌
最大風險	無限
最大獲利	權利金+（履約價-買進期指）
損益平衡點	買進之期貨指數-權利金點數
保證金	選擇權賣方部位市值+期貨保證金
風險控管	特別注意停損或自救

損益圖形

履約價 K：6200 點
權利金 C：100 點

註：上表的權利金皆以點數計算換算成金額每點50元

延伸閱讀：買進期貨賣出買權（偏多的小漲小跌）

　　小華研判行情是整理盤但比較偏多，因此採取期貨與選擇權做組合。期貨做多，用選擇權做空避險，買進一口小台指6000點，賣出買權履約價6200收受權利金100點。

●**先算損益平衡點：**6000點-100點=5900點

狀況一：若結算日指數收在6200點以上，則小華操作成功，最大獲利100點+（6200點-6000點）=300點。

狀況二：若結算日指數收在損益平衡點5900點以下，則小華開始虧損，指數每超跌一點小華就賠50元，指數跌越多，損失越大無限制。

狀況三：若結算日指數收在5900~6200之間，如收在6050，則小華的獲利100點+（6050點-6000點）=150點。

●由於此種組合風險無限，若做錯方向宜採取自救措施，如期貨做錯可採取停損或反向操作。選擇權做錯可採取價差策略自救，不宜採「拖」字訣以免虧損擴大。

賣出期貨賣出賣權：預期行情偏空的小漲小跌

因為小台期指每點50元與台股選擇權的權利金其價位相同，因此我們仍然以一口小台與一口選權做組合單。

範例：一、賣出小台期指6000點

二、賣出履約價5800賣權，收受權利金80點

所需的資金：期指與選擇權兩者取其一種較高的保證金

最大的獲利：權利金+（賣出期指-履約價）

80點+（6000點-5800點）=280點

最大的損失：無限

賣出期貨賣出賣權的策略運用	
適用時機	預期行情偏空的小漲小跌
最大風險	無限
最大獲利	權利金+（賣出期指-履約價）
損益平衡點	賣出期貨指數+權利金點數
保證金	選擇權賣方部位市值+期貨保證金
風險控管	特別注意停損或自救

註：上表的權利金皆以點數計算換算成金額每點50元

損益圖形

履約價 K：5800 點
權利金 P：80 點

延伸閱讀：賣出期貨賣出賣權（偏空的小漲小跌）

　　小華研判行情是整理盤但比較偏空，因此採取期貨與選擇權做組合。期貨做空，用選擇權做多避險。賣出一口小台指6000點，賣出賣權履約價5800，收受權利金80點。

●**先算損益平衡點：** 6000點+80點=6080點

狀況一：若結算日指數下跌到5800以下，則小華操作成功，最大獲利80點+（6000點-5800點）=280點。

狀況二：若結算日指數收在損益平衡點6080點之上，則小華開始虧損，指數每超漲一點小華就賠50元，指數漲越多，損失越大無限制。

狀況三：若結算日指數收在6080~5800之間，如收在5950，則小華的獲利80點+（6080點-5950點）=130點。

●由於此種組合風險無限，若做錯方向宜採取自救措施，如期貨做錯可採取停損或反向操作。選擇權做錯可採取價差策略自救，不宜採「拖」字訣以免虧損擴大。

7-5 買進與賣出時間價差策略

時間價差的組合策略顧名思義就是要賺取時間價值，因此組合的時間一口在近月，一口在遠月。可由買權或賣權來組合。所謂近月代表當月份，遠月則是下個月（跨月）。若近月與遠月要相隔兩個月以上也可以，惟遠月的成交量較小不易成交，無論近月或遠月的契約其履約價是相同的。

時間價差策略比較適合整理格局。遠月份的選擇權契約其時間價值流失的速度較慢。而近月份的選擇權契約其時間價值流失的速度比較快。因此可以賺到時間價值。換言之在近月契約平倉時，遠月份的契約也要一併平倉，才會賺到時間價值。

時間價差可分為兩種：

一、買進時間價差：買進較長期（遠月份）的選擇權，賣出較短期（近月份）的選擇權兩者組合，並且在短期（近月份）選擇權到期結算日與長期（遠月份）的選擇權一併平倉。此種組合策略是「買長賣短」。

二、賣出時間價差：買進較短期（近月份）的選擇權，賣出較長期（遠月份）的選擇權兩者組合，並且在短期（近月份）選擇權到期結算日與長期（遠月份）的選擇權一併平倉。此種組合策略是「買短賣長」。

一頁我們就以買權做實例給各位讀者參考。

買進時間價差：預期行情處在整理盤的小漲小跌

　　我們以買權做例子，「買長賣短」買進較長（遠月份）的買權，賣出較短（近月份）的買權。

以買權做範例：

一、買進8月份到期履約價5800的買權，支付權利金180點

二、賣出7月份到期履約價5800的賣權，收受權利金70點

　　　　所需的資金：8月的權利金+7月的保證金

　　　　最大的獲利：7月的權利金+8月選擇權在7月選擇權到
　　　　　　　　　　期日為價平的市值-8月的權利金

　　　　最大的損失：遠月的權利金-近月的權利金

買進時間價差的策略運用		
適用時機	預期行情處在整理盤	
最大風險	遠月的權利金-近月的權利金	
最大獲利	近月權利金+遠月選擇權在近月選擇權到期時為價平的市值-遠月的權利金	
損益平衡點	（遠月選擇權在近月選擇權到期的時間價值=遠月權利金-近月權利金）。能促使上述條件成立之未來標的現貨價	
保證金	賣出選擇權部位需繳保證金	
風險控管	脫離整理盤宜設停利停損	

註：上表的權利金皆以點數計算換算成金額每點50元

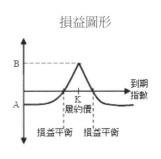

損益圖形

履約價K：5800 點
最大獲利 B
最大風險 A

延伸閱讀：買進時間價差（整理盤小漲小跌）

　　小華研判行情處在整理格局，決定採取買進時間價差策略賺取時間價值，「買長賣短」買遠月的買權，賣近月的買權。

買進時間價差的策略：

一、買進8月份到期履約價5800的買權，支付權利金180點

二、賣出7月份到期履約價5800的買權，收受權利金70點

小華的交易成本：180點-70點=110點也就是小華的最大風險。

狀況一：近月7月份結算時指數仍在5800點，則7月份收受的70點可完全賺到，而8月份買權的權利金若流失小跌到150點，那麼小華的獲利70點+（150點-180點）=40點，40點×50元/點=2000元。

狀況二：若結算日指數跌破5800點，則小華的最大虧損180點-70點=110點 110點×50元/點=5500元。

●時間價差主要是賺取遠月與近月的時間價值，因此遠月必須與近月的契約一併平倉，且指數仍然在價平（當初組合的履約價）才有利潤。

●若未到結算日指數突破或跌破盤整格局時，亦可拆開組合執行停利或停損。

賣出時間價差：預期行情處在整理盤的小漲小跌

　　我們仍然以買權做例子，「買短賣長」買進較短（近月份）的買權，賣出較長（遠月份）的買權。

以買權做範例：

一、買進7月份到期履約價5800的買權，支付權利金70點

二、賣出8月份到期履約價5800的買權，收受權利金150點

　　　所需的資金：7月的權利金+8月的保證金

　　　最大的獲利：遠期的權利金-近期的權利金

　　　最大的損失：8月的權利金-7月的權利金-8月選擇權

　　　　　　　　　在7月選擇權到期日時價平的市值

賣出時間價差的策略運用	
適用時機	預期行情處在整理盤
最大風險	遠月的權利金-近月的權利金-遠月選擇權在近月選擇權到期時為價平的市值
最大獲利	遠月權利金-近月的權利金
損益平衡點	（遠月選擇權在近月選擇權到期的時間價值=遠月權利金-近月權利金）。能促使上述條件成立之未來標的現貨價
保證金	賣出選擇權部位需繳保證金
風險控管	脫離整理盤宜設停利停損

損益圖形

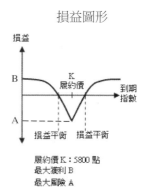

履約價K：5800 點
最大獲利 B
最大風險 A

註：上表的權利金皆以點數計算換算成金額每點50元

延伸閱讀：賣出時間價差（整理盤小漲小跌）

　　小華研判行情處在整理格局，決定採取賣出時間價差策略賺取時間價值，「買短賣長」買近月的買權，賣遠月的買權。

賣出時間價差的策略：

一、買進7月份到期履約價5800的買權，支付權利金70點

二、賣出8月份到期履約價5800的買權，收受權利金180點

小華的交易成本：180點-70點=110點也就是小華的最大獲利。

狀況一：近月7月份結算時指數仍在5800點，則7月份買權無履約價價值權利金歸零，但8月買權的權利金若流失到80點，那麼小華的獲利180點-70點-80點=30點 30點×50元/點=1500元。

狀況二：若結算日指數跌破5800點，則小華的最大獲利180點-70點=110點 110點×50元/點=5500元。

● 時間價差主要是賺取遠月與近月的時間價值，因此遠月必須與近月的契約一併平倉，且指數仍然在價平（當初組合的履約價）才有利潤。

● 若未到結算日指數突破或跌破盤整格局時，亦可拆開組合執行停利或停損。

12種常用的交易策略

　　選擇權的交易策略雖然很多種類，不過常用的大約有12種。先前我們說過交易策略可分為單一策略與組合策略兩大類，現在我做一個簡表讓讀者溫故知新、一目瞭然。

對市場後市看法	交易種類	交易策略	損益圖
看多後市	單一策略	買進買權	
		賣出賣權	
	組合策略	買權多頭價差	
		賣權多頭價差	
看空後市	單一策略	買進賣權	
		賣出買權	
	組合策略	買權空頭價差	
		賣權空頭價差	
預期狹幅區間整理	組合策略	賣出跨式	
		賣出勒式	
預期指數波動大	組合策略	買進跨式	
		買進勒式	

●關於表列比較複雜的組合策略如價差策略與勒式、跨式策略可再看前面章節的內容，以及第六章或第七章價差策略章節的內容，多看幾次必有所得。

成功捷徑善用自己所長

我們從第四章到第七章都在談選擇權的交易策略，幾乎把所有的交易策略全部摘錄在本書裡，投資人可各取所需，不必全部學會，只要依自己擅長的單一策略或組合策略，選擇6~8個交易策略操作就可成功獲利。

何謂自己擅長的策略舉例如下：

一、如果您對大盤指數的支撐、壓力區抓的比較準，那麼利用在支撐區做多（賣出賣權），在壓力區做空（賣出買權）。賺取時間價值。此種策略稱做賣出勒氏的組合策略。

二、如果您對指數的大漲或大跌抓的比較準，就可做買方的買進買權或買進賣權，此種策略稱做單一策略。

三、如果您對於畫45度線很有心得，也可利用突破45度線做多（賣出賣權），若研判有大漲機會再加多單（買進買權），這種策略稱做逆轉策略。反之跌破45度線作空（賣出買權），若研判有大跌機會再加空單（買進賣權），這種策略稱做轉換策略。

四、如果您對重大消息面有解讀的能力，可利用重大消息未出揭曉之前，做買方的組合單買進買權與買進賣權，甚至做深度價外，成本低虧損有限。如年底的五都選舉之前，就可用少量資金做此種組合。只要國民黨與民進黨有一方大勝或大敗就有機會獲利，此種組合稱做買進勒式。

五、如果您知道某一個點（如7000大關）不能跌破，若跌破就會引發停損賣壓可能會大跌一波，相對的若沒有跌破可能會反彈一波，如此就可在7000點的履約價同時作買call或買put，此種策略因履約價相同稱做買進跨式。

六、如果方向判斷錯誤也可利用自救策略尋求解套。如指數在7000點時判斷指數會續漲挑戰8000點，做買進買權，結果指數不漲反跌，趕快用賣出買權（低於7000點的履約價）來自救，此種策略稱做買權的空頭價差策略。

七、如果您已非常篤定在結算日之前指數不會有太大的變化，就可用兩組價差策略組合。如買進一組較低履約價的多頭價差+買進一組較高履約價的空頭價差，且多頭價差履約價的間距與空頭價差履約價的間距相等，這種策略稱做買進兀鷹的價差策略。

　　總之選擇權必須精準的判定期指或大盤的方向，再利用選擇權的四種類別（買call,賣call,買put,賣put）選擇單一操作策略或組合操作策略。甚至混合式操作策略去應對，如孫子兵法所云：「兵來將擋，水來土掩。」，若不知如何組合可再次閱讀Q＆A（問與答）的內容，溫故知新。

7-6 股票與個股選擇權套利策略

選擇權除了大盤指數之外也有股票的個股選擇權，其操作策略與指數選擇權雷同。本節所要討論的是利用股票與個股的選擇權做套利的操作策略。

所謂套利是利用個股選擇權的偏移來賺取無風險利潤，套利在選擇權策略中最常用到的是7-3節所談到的逆轉策略與轉換策略，現在我們就舉例說明逆轉策略。

逆轉策略：買進買權＋賣出賣權而且履約價與到期日皆相同

套利的逆轉策略：現股作空＋逆轉策略（做多部位）

範例：

一、小華放空友達一張成本41元

二、同時在友達的選擇權履約價38元買call權利金3.68點＋賣put權利金1.88點（做多部份）

三、操作成本：38＋（3.68-1.88）＝39.8點

四、小華的無風險套利41-39.8＝1.2點。

　　1.2點×1000元/點＝1200元（不計交易成本）

無風險套利有其必要條件，其使用時機如下：

●股票的空單部位與選擇權多單部位必須產生價差空間，如剛才算出的41點與39.8點出現1.2點的價差空間。

●此種策略稱做無風險套利策略，通常在現貨股價出現超漲或超跌震盪幅度擴大時使用。

再舉一個無風險套利策略，上一頁是現股做空，選擇權做多的組合，現在相反，現貨股票做多，選擇權做空的組合。這對選擇權而言稱做「轉換策略」，與上一頁逆轉策略剛好相反。轉換與逆轉策略讀者可查閱7-3節的內容。

轉換策略：買進賣權＋賣出買權而且履約價與到期日皆相同

套利的轉換策略：現股做多＋轉換策略（做空部位）

範例：

一、小華做多友達一張成本41元

二、同時在友達的選擇權履約價38元買put權利金5.65＋賣call權利金1.15（做空部位）

三、操作成本：38＋（5.65-1.15）=42.5點

四、小華的無風險套利42.5-41=1.5點。

　　1.5點×1000元/點=1500元（不計交易成本）

無風險套利有其必要條件，其使用時機如下：

●股票的多單部位與選擇權空單部份必須產生價差空間，如剛才所算的42.5與41出現1.5點的價差空間。

●此種策略稱做無風險套利策略，通常在現貨股價出現超漲或超跌震盪幅度擴大時使用。

7-7 隱含波動率

　　隱含波動率也稱為市場交易波動率，其計算方式是將台股指數、履約價、距結算日時間及波動率代入選擇權理論價計算公式，即可計算出選擇權的「理論價格」。但是理論價格與市場成交價通常不太一樣，主因是計算理論價格時所代入的波動率與實際成交的波動率不同，若我們將不同的波動率不斷的代入公式直到算出來的理論價格與市場價格一樣，那麼此代入的波動率就市場成交的波動率，我們也稱它為隱含波動率。

尋找較低隱含波動率的履約價相對便宜

　　隱含波動率提供了簡單的研判方法，那就是直接找較低的履約價交易，換言之隱含波動率較低的履約價相對便宜。

若以指數在6000點時買權報表的隱含波動率做例子：

履約價格	5800	5900	6000	6100	6200
權利金點數	381	313	265	259	178
隱含波動率	34%	31%	29%	33%	35%

從上表中可看出履約價6000的隱含波動率29%最低，是我們選擇權交易的契約。

　　隱含波動率目前各期貨商的交易平台大都有提供，不必自己計算，不過我們認為操作選擇權還是看方向，做對方向就可享受速度，縱然選擇權隱含波動率最低的履約價交易，若做錯方向仍會虧損，隱含波動率僅供參考，並不能保證獲利。

權利金與時間價值關係圖

　　從圖中可清楚看出權利金隨著到期日逼近，價值流失的速度越快，換言之越接近結算日買方的權利金加速度的流失，最後歸零。

　　因此操作買方到結算日那天手中的選擇權契約若失去履約價值當然只有吃龜苓膏了。

　　建議操作買方（買進買權）與（買進賣權）的朋友要注意指數的變化，只要發現趨勢方向看錯務必執行停損或自救，不要等到歸零才後悔莫及。

　　誠如一好友常常抱怨做股票、期貨、選擇權好像天天在做後悔的事情，我建議他轉念學習成功的方法，先學好判定趨勢方向就會天天在做快樂的事情。

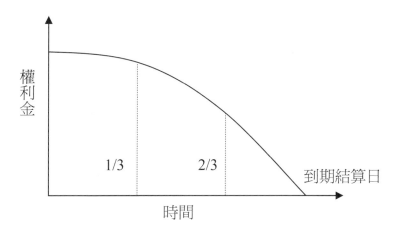

7-8 做錯怎麼辦？

操作選擇權首重方向，只要方向對目標就會到。方向代表大盤趨勢，只要做對趨勢就可有「勢」無恐。趨勢只有漲、跌、盤三種，可利用股市三寶判定其轉折點，只要掌握第一時間轉折點就可贏在起跑點。

可是我們不是股神，不可能每次都做對方向，萬一做錯怎麼辦？在期貨篇裡也提到做錯方向的三種補救方法，選擇權也是如此，以下三種方法務必在做錯方向時選擇一種自救。

一、停損退出：選擇權的停損有兩種，1.利用履約價停損：例如在履約價6000做多，當指數跌破履約價時伺機停損。2.利用權利金停損：此時可參考選擇權的K線圖，如履約價6000的K線圖，因為K線圖是以權利金畫出來的，利用技術面設停損點。

二、反向操作：當方向做錯執行停損後，若已看出新的方向就可反向操作，如履約價6000做多，跌破6000後確認下跌趨勢就可反向做空。

三、鎖單操作：當做錯方向且無法在短時間確定方向，也就是多空不明，怕停損後馬上又回到停損價之上的位置，此時可先鎖單自救，如在履約價6000做多（買call），不幸做錯可在6000以下的履約價如5900做空（賣call）鎖單。這就是價差策略也是第五章所講的自救策略。待方向明確後再放棄一方，如此就可反敗為勝。

　　總之做錯方向一定要處理，不能放任他不管，這一點是投資人內心的痛。記得筆者剛踏入股市只要套牢就以「拖」字訣應對，這是非常錯誤的觀念，務必執行停損已免虧損擴大。

7-9 選擇權問與答（Q&A）

選擇權看似複雜其實可以簡單化，只要能掌握大盤的大漲、小漲、大跌、小跌、盤漲、盤跌的六大趨勢，那麼選擇權的四個答案（買call、買put、賣call、賣put）只是用來套招而已，就像電影的武俠片一樣套招。我們特別用問與答的方式做個總複習加深讀者的印象，期許購買本書的朋友閱讀後能功力大增期勝權贏。

一、問：如何操作選擇權才會成功？

答：首先必須學會判定漲、跌、盤的轉折點，可利用股市三寶判定漲、跌、盤，參閱選擇權篇第三章股市三寶的內容。

二、問：學會股市三寶判定漲、跌、盤之後如何套招？

答：大盤由「漲」進入「盤」代表指數短時間不會突破前波或最近的高點，此時可在最近的高點履約價做空，套用賣出買權，反之大盤指數由「跌」進入「盤」代表指數短時間不會跌破前波或最近的低點，此時可在最近的低點履約價做多，套用賣出賣權。

三、問：為何做多與做空要用賣方，不用買方的買call或買put？

答：買方雖然成本較低風險有限，但如果「盤整」的時間拖久會因為時間價值而使權利金流失，除非有能力判斷「盤」的時間很短，馬上會進入大漲或大跌再做買方。

四、問：判斷大盤趨勢要看大盤指數或期貨指數？

答：原則上都可以，但期貨指數具有領先大盤指數的作用，因此建議看期貨指數比較領先。

五、問：選擇權可不可做當沖？

答：可以，當沖的買賣點可看期貨的1分或5分線。因為期貨指數是領先選擇權。

六、問：買方與買權或賣方與賣權有什麼不同？

答：初學者對買方與買權或賣方與賣權容易混淆不清。

　　買方：包括買進買權（call）與買進賣權（put），買call做多，買put做空。

　　賣方：包括賣出買權（call）與賣出賣權（put），賣call做空，賣put做多。

　　操作買方只付權利金，操作賣方須付保證金。

七、問：買方與賣方最大的差別在哪裡？

答：除了買方只付權利金不付保證金之外，買方的優點是成本低，虧損有限，但有時間價值流失的缺點。賣方須付保證金成本較高且風險無限，但沒有時間價值流失的問題。

八、問：買方與賣方的使用時機？

答：買方適用於指數大漲大跌或震盪幅度大時使用。賣方適用於指數進入盤整時使用。也可先做賣方在加碼買方。如99年6月11日指數跳空上漲且突破45度線，預估指數不會跌破7100，在7100的履約價先做賣出賣權，權利金198點。6月14日指數站上多空線完成上漲三寶，再加碼7100履約價買進買權，權利金281點。到了6月15日端午節前夕賣權的權利金111點，買權的權利金335點，短短三個交易日兩口獲利（198-111）+（355-281）=151點。

九、問：單一策略與組合策略的使用時機？

答：單一策略是方向明確對自己的判斷有信心，如確定小漲或大漲，確定小跌或大跌，確定是盤漲或盤跌。組合策略是方向不確定對自己的判斷信心不足，此時可採取組合策略應對。

十、問：組合策略那麼多如何選擇？

答：選擇自己比較熟練的組合單，例如已知大盤進入整理，可預測壓力區與支撐區，在壓力區履約價做空「賣出買權」，在支撐區的履約價做多「賣出賣權」。此種策略稱做賣出勒式，也可做買進勒式但買方易受時間價值流失，失敗率較高。

十一、問：何謂價差策略？

答：價差策略也稱為自救策略，它可分為四種1.買權的多頭價差2.買權的空頭價差3.賣權的多頭價差4.賣權的空頭價差。例如買權的多頭價差是「買進一口較低履約價的買權，同時賣出一口較高履約價的買權」，兩口單組合而成，可參閱第五章價差策略的內容。

十二、問：使用價差策略到結算日一定會賺嗎？

答：不一定，要看大盤的方向與您的價差策略的組合單方向是否同步而定，若同步一定賺，反之則虧。

十三、問：為何使用價差策略是不得已的方法？

答：因為方向看錯了要自救或反敗為勝不得不採取的方法，何況價差策略獲利不高，如果能看對方向則採用單一策略獲利較高。

十四、問：組合策略中哪一種風險較小且可穩健獲利？

答：買進蝶式組合策略。它是「買進一組較低履約價的多
　　頭價差和買進一組較高履約價的空頭價差」組合，一
　　共四口單，但多頭價差的較高履約價需與空頭價差的
　　較低履約價相同。

十五、問：組合策略中是否有穩賺不賠的組合單？

答：沒有。任何投資皆有風險，只是風險的大小而已，完
　　全沒有風險的投資，就是投資自己，也就是知識。

十六、問：已確定大盤指數會大漲一波如何套招操作？

答：可先買價平的call或賣價平的put。若能預測出漲幅的
　　目標區，則可加買價外的call或賣價內的put。

十七、問：已確定大盤指數會大跌一波如何套招操作？

答：可先買價平的put或賣價平的call。若能預測出跌幅的
　　目標區，則可加買價外的put或賣價內的call。

十八、問：只確定大盤指數會漲，無法判定漲幅的大小？

答：先賣價平的put可賺取時間價值。若買call萬一指數進
　　入盤整，權利金會流失，除非判定短時間會漲一波再
　　加碼買call，可買價外1~3檔的call。

十九、問：只確定大盤指數會跌，無法判定跌幅的大小？

答：先賣價平的call可賺取時間價值。若買put萬一指數進
　　入盤整，權利金會流失，除非判定短時間會跌一波再
　　加碼買put，可買價外1~3檔的put。

**二十、問：只確定大盤指數會反彈但是上檔壓力大（小
　　　　漲）？**

答：只賣價平的put，漲到壓力區再賣價平的call。

**二十一、問：只確定大盤指數會回檔但是下檔支撐強（小
　　　　　跌）？**

答：只賣價平的call，跌到支撐區再賣價平的put。

二十二、問：已確定大盤進入區間整理如何操作？

答：可在壓力區做賣出買權（call），在支撐區做賣出賣
　　權（put），這種策略稱做賣出勒式。

**二十三、問：指數區間整理為何不做買進勒式的組合策
　　　　　略？**

答：買進勒式的組合策略是做在買方。在壓力區做買
　　put，在支撐區做買call。因為整理盤買方的權利金易
　　受時間價值而流失。獲利的勝率低，失敗率高。

二十四、問：何謂勒式組合策略？

答：勒式組合略策分為買進勒式與賣出勒式。買進勒式是在買方買進不同履約價的買權與賣權，賣出勒式是在賣方賣出不同履約價的買權與賣權。

二十五、問：何謂跨式組合策略？

答：跨式組合略策分為買進跨式與賣出跨式。買進跨式是在買方買進相同履約價的買權與賣權，賣出跨式是在賣方賣出相同履約價的買權與賣權。

二十六、問：如何預測下一週的支撐壓力？

答：如果能準確預測出下一週的支撐與壓力那麼對操作「選擇權」而言是非常有幫助的，可以從週線的K線圖利用我們預測壓力支撐的三個方法：看、算、畫。也可參考《股市三寶》或《十倍數操盤法》以及期貨篇的一些預測要領。

二十七、問：若能預測出一個月的支撐與壓力區是否更佳？

答：當然更佳，不但更佳而且可以賺很大。因為一個月的指數震盪幅度至少有500點以上，如果能在低點做多，高點做空順勢操作至少有數倍以上的利潤。

二十八、問：可否再將如何預測壓力與支撐說明一下？

答：預測壓力與支撐可用看、算、畫三種方法，看是指看
　　移動平均線或型態，算是指算黃金切割率，畫是指畫
　　趨勢線或軌道線。同樣可以參考《股市三寶》與《十
　　倍數操盤法》這兩本書的內容。

**二十九、問：利用股市三寶判定漲跌盤的轉折點操作與預
　　　　　測壓力支撐操作選擇權，兩者哪一種比較準？**

答：兩者可搭配使用。不過我們建議先以股市三寶判定漲
　　跌盤的轉折點優先，再預測壓力支撐。因為當指數由
　　「漲」改變成「盤」，或由「跌」改變成「盤」，或
　　由「盤」改變成「漲」，或由「盤」改變成「跌」。
　　在其轉折點的位置皆可出手操作。至於預測壓力支
　　撐，因為每一位投資人預測的功力不盡相同，常有誤
　　判的狀況宜注意停損或自救。

**三十、問：請問一年當中漲、跌、盤的轉折點大約有幾
　　　　　次？**

答：我們算過若由漲改變成盤或由跌改變成盤大約有8~10
　　次，若再加上由盤改變成漲或由盤改變成跌則大約有
　　17~20次。換言之在這17~20次當中只要做對15~18次
　　就有相當的利潤。

三十一、問：指數在漲勢或跌勢尚未進入盤的轉折點可否操作？

答：當然可以。只要看漲順勢做多，看跌順勢做空有何不可，前提是要看對方向。我們還是再講一次，只要方向對，目標就會到。

三十二、問：為何做對方向但到結算時還是賠錢？

答：主要的原因是做在買方，且距離結算日很近，指數變化不大呈現整理格局所致。何況買方的權利金會受到時間價值的影響。

買賣雙方的特性

買方的特性：風險有限，獲利無限，但成功的機率低。
買方看錯一定賠錢，看對不一定賺錢。

賣方的特性：風險無限，獲利有限，但成功的機率高。
賣方看對一定賺錢，看錯不一定賠錢。

7-10 期權備忘錄

心態觀念篇

●股市期權禪：思想改變觀念，觀念影響行為，行為養成
習慣，習慣變成個性，個性決定命運。

●改變命運的方法：掏空自己，從新（心）學習，重頭做
起。

●操作期權要笨的聰明，不要聰明的笨。人比山高則仙，
人比谷低則俗。

●七分實力三分財運，八分心態兩分技巧。態度決定高
度。

●要會買，也要會賣，更要會休息。市場天天為您開，永
遠都有下一班車，這一班趕不上再等下一班。

●方向走錯馬上回頭，知錯能改善莫大焉，否則越行越
遠，最後迷失方向。

●投入才會深入，付出才會傑出，感恩才會報恩。

●不要看破而要突破，如蛹破繭而出展翅飛翔。

●格局影響結局，企圖決定版圖，態度決定高度。

●悲觀的人看到機會前面的問題，樂觀的人看到問題後面的機會。

●心經有云：「色不異空，空不異色，色即是空，空即是色」股市期權亦然。多不異空，空不異多，多即是空，空即是多，多空之問了然於胸，自然可操作自如。

●認識自己，自己是最大的敵人。先戰勝自己才會戰勝期權。

●每天買賣會使判斷力鈍化，休息一下你會對市場有更超然的想法。旁觀者清，當局者迷。

●試著喜歡損失，因為它是商業行為的一部份。

●要成為一位買賣的高手之前，需去除你對損失的恐懼感。

●輸得起不會輸，輸不起常常輸，不怕輸錢，只怕輸膽。

●一日致富的故事，僅止於故事。沒有深厚的底子財富也留不住。

●帳面上的利潤不是利潤，放進口袋的利潤才是利潤。

●每座高山的背後必有深谷，沉到谷底正是向上攀升的轉捩點。

●一個不能打敗失敗的人，就會被失敗打敗。

●你怕困難，困難就不怕你，你不怕困難，困難就怕你。

期權備忘錄

技巧自律篇

●參考工具指標越簡單越好，只要會幫我們賺錢的指標就是好指標。

●世上沒有十全十美的指標，就像人一樣無十全十美，不要浪費時間去追求不可能存在的東西。

●期權成功的因素不在於用的是哪一套技術，而在於你的自律功夫。

●尋找損失的機會最小，獲利的機會最大再出手。

●短時間的利潤比預期大，記得「拿了就跑」不貪多。

●注意二分之一的支撐，壓力。回檔二分之一，反彈二分之一的買賣點。

●注意指數三高、三低、三大。連續創第三波高點或創第三波低點或連續出第三次大量，三次背離等，在第三次出手成功率最高。

●物極必反，否極泰來。漲勢非常強勁時要注意反轉下跌的訊號，跌勢非常兇猛時就注意反轉上漲的訊號。

●注意期貨與現貨的價差變化，價差太大必會修正。

●在逆勢交易下，手中口數須比順勢交易時小，而出場速度要比順勢時為快。

●一個成功的交易者會等到一般投資人倒向一邊，然後伺機做相反的買賣。

●不要對賠錢合約眷戀，停損雖然痛苦，而痛苦是偉大的老師，它可以使人成長。

●時間價值是選擇權的專利，它對賣方有利對買方不利。

●先模擬再實戰，可減少不必要的虧損。

●心有定見，不要受其他人的意見左右。

●有人說專家是專門害人家，專家的意見僅供參考，贏家的意見謹記在心。

●善用股市三寶的轉折點才會贏在起跑點

●注意3日RSI單線的臨界值高檔的95~98，低檔的2~5。

●注意3日與6日RSI乖離（開口）的臨界值正22~25或負22~25以上。

●人生的悲劇不在於受過多少苦難，而在於錯失多少機會，把握學習的機會就可以創造更大的財富。

選擇權結語

成功總是在轉彎後

　　有一位新進的業務員拿著公司的產品從街頭的店家一家家的推銷到街尾沒有一家成交。他不死心再從反方向的街尾一路推銷到街頭仍然沒有人跟他買。他覺得很懊惱，回到公司請教頂尖（TOP）的業務員要如何推銷才會成功，那位頂尖的業務員告訴他成功總是在轉彎後，你何不轉個彎到巷子裡再推銷試看看。

　　隔天新進的業務員照著成功的方法轉彎到巷子裡推銷，跑了一天在下班之前終於成功的推銷一件商品，欣喜若狂，從此信心倍增每天懷抱希望出門業績蒸蒸日上，最後當上業務經理。

　　在選擇權的操作也是如此，轉彎代表趨勢的變化，先前提到大盤趨勢只有漲、跌、盤三種變化，由漲改變成盤，由跌改變成盤，由盤改變成漲，或由盤改變成跌，每一次趨勢的改變皆可視為轉彎，也是選擇權出手的最佳時機。

股市三寶是判定轉彎的最佳工具

　　我們可利用股市三寶判定期貨指數或大盤指數的轉折點再切入選擇權。如大盤由跌進入盤，代表短時間指數不會跌破最近的低點，此低點的履約價就可做多。先賣put

若發現有大漲的機會再加買call。反之大盤由漲進入盤，代表短時間指數不會突破最近的高點，此高點的履約價就可做空。先賣call若發現有大跌的機會再加買put。如此操作勝率很高，萬一做錯方向記得採取自救策略也可反敗為勝。

總之方向決定一切，跨出去的腳步大小不重要，重要的是方向，只要方向對目標就會到。

本來無漲跌、賺賠皆可拋

在本書即將結束之前，筆者有感於投資理財是不斷的追求財富，讓人有一種銅臭味之感。忘了人性仍然有行善佈施，慈悲心的美德。當您在金融交易的競技場獲得財富之後，不要忘了善盡社會責任向弱勢族群伸出援手。萬一不賺反賠也不必痛苦，因為求越多就苦不完，平常心看待。

筆者引用法鼓山聖嚴法師圓寂的示現偈語：「無事忙中老，空裡有哭笑，本來沒有我，生死皆可拋。」操作股票的朋友可引申為：「無事忙股票，多空有蹂躪，本來無漲跌，賺賠皆可拋。」這種比喻或許對聖嚴師父不敬，但對投資人而言，亦可如是觀。

最後本人以感恩再感恩的心祝福各位讀者與投資朋友操作順利成功，謝謝。

附錄一　期貨指數預測表

年　月　預測明日期貨指數的壓力區與支撐區（可用看算畫）

日期	預測明日支撐區	日期	當日低點	誤差	預測明日壓力區	日期	當日高點	誤差	震盪幅度	備註
	1				1					
	2				2					
	1				1					
	2				2					
	1				1					
	2				2					
	1				1					
	2				2					
	1				1					
	2				2					
	1				1					
	2				2					
	1				1					
	2				2					
	1				1					
	2				2					
	1				1					
	2				2					
	1				1					
	2				2					
	1				1					
	2				2					
	1				1					
	2				2					

註：看→移動平均線的支撐壓力
　　算→算黃金切割率、型態波浪
　　畫→畫趨勢線、扇型線、畫軌道線

附錄二　期指實戰看盤模擬操作表

多 單

月／日	時／分	買進	理　由	時／分	賣出	理　由	獲利

空 單

月／日	時／分	賣出	理　由	時／分	回補	理　由	獲利

合　計：

附錄三 選擇權模擬操作表

日期		買權→買進買權buy call（做多）或賣出買權sell call（做空）									
月／日	履約價	月份	買call（做多）	月份	賣call（做空）	月份	買call（回補空單）	停損	獲利點數與百分比	備註欄進場依據
本月份累計獲利點數與百分比%										

日期		賣權→買進賣權buy put（做空）或賣出賣權sell put（做多）									
月／日	履約價	月份	賣put（做多）	月份	買put（做空）	月份	賣put（回補空單）	停損	獲利點數與百分比	備註欄進場依據
本月份累計獲利點數與百分比%										

成功的操作策略	買方：	賣方：
◎先做賣方再做買方	1.付權利金不付保證金	1.須付保證金收權利金
◎看準有自信加碼買方	2.損失有限獲利無限	2.獲利有限損失無限
	3.權利金易受時間價值流失	3.權利金無時間價值流失問題
	4.手腳不夠快不易獲利	4.成功率高較易獲利

國家圖書館出版品預行編目（CIP）資料

期權賺很大 / 陳霖著. -- 初版. –
臺南市：怡美, 2010.08
　　面；　　公分

ISBN 978-986-82026-2-7（平裝）

1.期貨交易 2.選擇權

563.534　　　　　　　　　　99014001

期權賺很大 建議售價：新台幣498元

著　　　者	陳　霖（秋榮）
編　　　校	李振瑋
打　　　字	李振瑋、吳日勛
發　行　人	李端敏
發　行　所	怡美出版社
社　　　址	台南市長榮路2段32巷46弄14號
	台南市文平路187巷111號
郵　　　撥	31544374　戶名：陳秋榮
電　　　話	(06) 2958965　傳真：(06) 2975943
封 面 設 計	菩薩蠻電腦科技有限公司

行政院新聞局局版臺業字第6258號
◎2010年8月初版二刷・9月再版二刷・2011年3月三版二刷
2011年7月四版・2012年4月五版・2013年9月六版一刷